CW01638755

Eseia / Ioan

Esboniad yr Ysgol Sul i oedolion

Blwyddyn A

Elwyn Richards

CYHOEDDIADAU'R GAIR

Gyda'n Gilydd: Blwyddyn A

Testun Cymraeg: Elwyn Richards

Golygydd Cyffredinol: Aled Davies
Clawr: Elgan Davies

ISBN 1 85994 109 5
Argraffwyd yng Nghymru.

Cyhoeddwyd gan:
Cyhoeddiadau'r Gair, Cyngor Ysgolion Sul Cymru,
Ysgol Addysg, Prifysgol Cymru, Safle'r Fenai,
Bangor, Gwynedd. LL57 2PX.

Cynnwys

Carwn ddiolch i Gyngor Ysgolion Sul Cymru am ymddiried imi'r gwaith o lunio'r gwerslyfr hwn, ac i'r Parchedig Aled Davies am ei arweiniad parod. Pwysais yn drwm hefyd ar gyngor a chymwynas cyfeillion a chydnabod a charwn ddiolch yn arbennig i Mr William Owen, Borth-y-gest, a Mr Gareth Watts, Llanelli, am lawer o awgrymiadau buddiol. Wrth baratoi'r gwersi ar Efengyl Ioan bu cyfrol wych y Parchedig Isaac Jones, *Bywyd a Goleuni* (Caernarfon, 1985) yn gyson wrth fy mhenelin, a bum yn pori hefyd yn amryw eraill o esboniadau'r Ysgol Sul. Jane, fy chwaer, roes y gwersi oll ar ddisg ar gyfer yr argraffwyr, ac wrth ddiolch iddi hi a golygyddion Cyhoeddiadau'r Gair ac argraffwyr Gwasg Pantycelyn am eu llafur diflino, hoffwn ddiolch hefyd am gymorth a chefnogaeth Gwenda, fy ngwraig.

YR AIL ESEIA

Sylweddolodd rhai ysgolheigion Beiblaidd mor gynnar â blynyddoedd olaf y ddeunawfed ganrif bod Llyfr y Proffwyd Eseia, fel ag y mae yn yr Hen Destament, yn cynnwys gwaith mwy nag un awdur. Daeth hyn yn amlwg am fod ynddo amrywiaeth arddull a neges, a chyfeiriadau at ddigwyddiadau hanesyddol a berthyn i gyfnodau gwahanol. O'r herwydd rhennir y llyfr yn gyffredin yn dair adran, sef gwaith Eseia Jerwsalem (1-39) a berthyn i'r wythfed ganrif cyn Crist, gwaith yr Ail Eseia (40-55), a gwaith nifer o broffwydi eraill (56-66) y cyfeirir atynt gyda'i gilydd fel y Trydydd Eseia. A'r Ail Eseia y mae a wnelom ni yn fwyaf arbennig. Ond rhaid cadw mewn cof y ceir trafodaeth frwd rhwng ysgolheigion cyfoes ynglyn â'r modd y cafodd Llyfr y Proffwyd Eseia, fel y mae yn ein Beibl, ei ffurf bresennol. Un awgrym yw i waith yr Ail Eseia gael ei ychwanegu at waith Eseia Jerwsalem am i rywrai weld gwireddu rhybuddion Eseia Jerwsalem yn y gaethglud, neu o leiaf weld tebygrwydd thematig mawr rhwng gwaith y ddau broffwyd. Yn wir, awgrymodd R. E. Clement i waith yr Ail Eseia gael ei drefnu a'i olygu yn arbennig er mwyn iddo gael ei osod yn yr un sgrôl, yn ddilyniant addas i waith yr Eseia cyntaf, a bu eraill a ganolbwyntiodd eu sylw ar ffurfiau llenyddol gwaith yr Ail Eseia yn chwannog i gredu mai nifer o unedau digyswllt gafwyd ganddo yn wreiddiol, ond i rai o'i ddisgyblion, efallai, eu cywain at ei gilydd.

Yn sicr rhaid ystyried penodau 56-66 fel ychwanegiadau a ysbrydolwyd i ryw raddau gan waith yr Ail Eseia, ond sy'n perthyn i gyfnod ac amgylchiadau mwy diweddar.

Y CEFNDIR HANESYDDOL.

Ym Mabilon, ymhell y tu hwnt i ffiniau gwlad Canaan yr oedd yr Ail Eseia yn byw, a gellir tybio y bu wrthi'n proffwydo rhwng tua 550 C.C. sef blwyddyn cychwyn ymgyrchoedd milwrol Cyrus a lywodraethai diriogaeth hen deyrnas Elam yn yr ardal a adweinir fel de Iran heddiw, a 539 C.C. pryd y syrthiodd dinas Babilon i luoedd y brenin hwnnw. Ar wahan i'w gefndir tybiedig, fodd bynnag, prin iawn yw ein gwybodaeth amdano, oherwydd y mae'r dyn ei hun ynghudd y tu ôl i'w neges. Dywed mewn un man iddo gael ei alw gan Dduw i broffwydo (40.6) ond nid yw byth yn rhannu â'i wrandawyr unrhyw fanylion personol amdano'i hun. Cyfeiria'n hytrach at ddigwyddiadau hanes y byd mawr y tu allan i'r gaethglud ym Mabilon gan weld ynddynt addewid am waredigaeth i'w bobl.

Er y gellir tybio nad oedd bywyd yn y gaethglud yn eithriadol o galed, ac i'r Iddewon gael mesur o ryddid i'w llywodraethu eu hunain ac addoli Duw Israel, cefndir y cwbl oedd methiant a thrychineb. Gyda chwymp Jerwsalem collasant eu mamwlad a'u hannibyniaeth, ac er bod poblogaeth Iddewig denau yn dal ar ôl yn yr hen wlad, rhaid fod colli'r brifddinas a'r deml a'r teulu brenhinol a hanai o Ddafydd wedi bod yn ergyd drom iawn i bobl a ystyrient eu hunain fel rhai etholedig yr Arglwydd. Diau hefyd i amgylchiadau'r gaethglud amrywio o le i le, o gyfnod i gyfnod, a cheir awgrym o atgasedd tuag at y Babiloniaid yn brigo i'r wyneb yng ngwaith yr Ail Eseia. Wedi'r gaethglud daethpwyd i arfer yr enw Babilon fel arwydd o ormes, a cheir enghreifftiau o wneud hynny yn Llyfr Daniel.

Effaith y methiant digamsyniol hwn yn hanes pobl yr Arglwydd oedd peri i lawer ohonynt gredu nad oedd Duw mwyach ar waith yn eu hamddiffyn. Onid aeth y fuddugoliaeth i dduwiau Babilon? Rhaid bod addoliad rhwysgfawr y Babiloniaid wedi gwneud argraff fawr ar yr alltudion. I amryw o'r Iddewon aeth yr hen ffydd yn farwaidd a di-eneiniad a gwelwyd llawer ohonynt yn troi at dduwiau'r gorthrymwr.

Pa ryfedd felly fod yr Ail Eseia'n dechrau ei broffwydoliaeth gyda neges o gysur i'r alltudion. Ond cynnwys y neges gysurlon yw fod y gosb y mynnodd yr Arglwydd ei dwyn ar ei bobl wedi mynd heibio, oherwydd yn ôl yr Ail Eseia ewyllys Duw Israel, nid goruchafiaeth duwiau Babilon, barodd ddwyn y genedl i'r gaethglud; 'Cysurwch, cysurwch fy mhobl - dyna orchymyn eich Duw. Siaradwch yn dyner wrth Jerwsalem, a dywedwch wrthi ei bod wedi cwblhau ei thymor gwasanaeth ac wedi gorffen ei phenyd, ei bod wedi derbyn yn ddwbl oddi ar law'r Arglwydd am ei holl bechodau.' (40.1-2)

Ar sail ei argyhoeddiad fod gwaredigaeth yn disodli cosb, rhaid dweud mai proffwyd gobaith yw yr Ail Eseia. Er iddo, drwy haeru mai cosb Duw oedd y gaethglud, sefyll ysgwydd wrth ysgwydd ag Eseia Jerwsalem a Jeremeia a phroffwydi gwae eraill y cyfnod cyn y gaethglud, cafodd hefyd, fel Eseciel wedi cwymp Jerwsalem, y fraint o gyhoeddi iachawdwriaeth yr Arglwydd. Ac i'r Ail Eseia, a drigai ym Mabilon ond a godai ei olygon ymhell y tu draw i ffiniau cyfyng y gaethglud, y sawl a ddygai iachawdwriaeth, drwy ewyllys Duw, oedd Cyrus, a fyddai yn y man yn frenin ymerodraeth newydd Persia.

Wedi marwolaeth Nebuchodnosor yn 562 C.C. daeth dirywiad ymerodraeth Babilon yn amlwg. Cafwyd tri brenin newydd ar yr orsedd mewn cyfnod o saith mlynedd, ac yn 555 C.C. dinistriwyd y llinach frenhinol gan wrthryfel milwrol. Y canlyniad fu ethol Nabonidus, un o'r gwrthryfelwyr, i'r orsedd, ac ef oedd brenin olaf ymerodraeth Babilon.

Er i Nabonidus brofi gwrthwynebiad o'r tu mewn a'r tu allan i'w deyrnas bu'n llywodraethwr galluog, ond diau i'w waith yn hybu addoliad o Sin, duwies y lleuad, a hynny ar draul Marduc, duw traddodiadol pobl Babilon, greu llawer o anniddigrwydd yn enwedig ymhlith yr offeiriaid. Bu hyn yn ffactor allweddol yng nghwymp Nabonidus, a'r diwedd fu i rai o'i bobl ei hun groesawu ei ddarostyngiad. Gwyddom hefyd iddo wneud Tema, yn anialwch Arabia, yn brifddinas newydd iddo'i hun, a hynny mae'n debyg er mwyn gallu ymroi i addoli Sin yno, a datblygu llwybrau masnach newydd tua'r de a'r gorllewin. Am wyth mlynedd gadawodd Nabonidus ei fab Belsasar ar yr orsedd ym Mabilon, ond nid gwaith hawdd oedd llywodraethu'r ymerodraeth, ac yn fuan ymddangosodd gelyn newydd ar y gorwel.

Yn y dyddiau gynt buasai ymerodaeth Media yn gyfeillgar â Babilon ond yn awr daeth yn brif elyn iddi, ac o fewn teyrnas Media ei hun gwelwyd Cyrus, brenin Asham, sef hen diriogaeth Elam, yn codi mewn gwrthryfel. Cefnogodd Nabonidus y gwrthryfel hwn gan y tybiai y byddai'n lleihau grym Media, ond ni sylweddolai fod Cyrus yntau â'i fryd ar ennill ymerodraeth, ac o fewn dim yr oedd wedi cipio coron Media a gorchfygu teyrnas Lydia. Rhwng 546 C.C. a 543 C.C. ymestynnodd Cyrus ei diriogaeth a'i ddylanwad fwyfwy, ac yn wyneb y fath fygythiad dychwelodd Nabonidus o Tema yn Arbaia i Fabilon. Ond yr oedd eisoes yn rhy hwyr i achub ei deyrnas, ac oherwydd gwrthwynebiad offeiriaid Marduc ym Mabilon methodd a chrynhoi ei holl fyddinoedd yn erbyn y gelyn. Yn wir bu i rai ym Mabilon ystyried dyfodiad Cyrus fel gwaredigaeth, a gwelwyd rhannau gogleddol ymerodraeth Babilon yn dadfeilio a thorri ymaith. Trodd un o gadfridogion Nabonidus hefyd i gefnogi'r gelyn, a pharodd orchfygu lluoedd ei gydwladwyr yn llwyr ym mrwydr Opis. Bellach nid oedd gan Nabonidus unrhyw ddewis ond ffoi a dylifodd milwyr Cyrus i ddinas Babilon yn 539 C.C. heb gymaint â chodi arfau. Yr oedd yr hyn a fynegwyd mor groyw gan yr Ail Eseia ac eraill o'r proffwydi eisoes wedi digwydd. Dymchwelwyd ymerodaeth fyd-eang Nabonidus a chipiwyd hi gan Cyrus a greodd ymerodaeth newydd Persia.

I'r Ail Eseia y ffaith fod yr hyn a ragfynegwyd yn cael ei gyflawni oedd y prawf mwyaf pendant o allu Duw. Nid buddugoliaethau Israel ym maes gwleidyddiaeth a rhyfel oedd gwarant ei allu ef bellach. Na, rhoddwyd y fuddugoliaeth i frenin estron a addolai dduwiau dieithr a darostyngwyd y genedl etholedig yn y gaethglud, ond rhagfynegwyd y cwbl a phrofai hanes fod Duw Israel yn fyw a grymus. Os arall oedd biau'r fuddugoliaeth filwrol, Israel brofai'r fendith, ac am y tro cyntaf gwelwyd proffwyd yn cyhoeddi bod Duw am sicrhau lles ei bobl ac achub eu bywyd cenedlaethol heb roi iddynt unrhyw ran mewn buddugoliaeth filwrol. Do, fe fu Eseia o'r blaen, a Jeremeia yntau'n dweud fod gan frenhinoedd estron eu lle yng nghynlluniau Duw, ond bellach torrwyd y cyswllt rhwng annibyniaeth cenedlaethol a gwaredigaeth, ac nid yw'n rhyfedd felly y ceir yn Llyfr Eseia sôn am was dioddefus yn dwyn achubiaeth.

O ddarllen gwaith y proffwyd ac o ystyried pa mor chwyldroadol yw ei neges, daw'n amlwg nad gair o'i ben a'i bastwn ei hun a gyhoeddai'r Ail Eseia. Cenadwri o'r tu hwnt iddo ef ydoedd, a gellir casglu ei fod ohono'i hun mor ddi-weledigaeth â gweddill y rhai a gaethgludwyd, ond rhoddwyd iddo neges i'w chyhoeddi wrth bobl neilltuol mewn amgylchiadau arbennig, a chyhoeddodd fod gwae eisoes wedi troi'n obaith, hyd yn oed cyn i neb ganfod hynny'n digwydd.

O'r herwydd, nid yw'n syndod fod yr Ail Eseia'n gwisgo'i genadwri â gwisg moliant, a bod ei ieithwedd yn adlewyrchu eiddo'r Salmwyr. Gellir credu y byddai'r Salmau yn un o gonglfeini addoliad y gaethglud, er na cheir arlliw o'u hieithwedd ar waith Eseciel. Yn wir, awgrymodd un esboniwr fod yr Ail Eseia yn gysylltiedig rywfodd â chantorion y deml a oedd wrth eu gwaith yn gofalu am drosglwyddo'r Salmau. Beth bynnag am hynny, y mae'r proffwyd wrth foli Duw yn taro nodyn llawen, ac er ei fod yn cyfarch y genedl i gyd y mae'n rhoi lle amlwg i'r unigolyn a oedd i dderbyn ei neges ar y lefel fwyaf personol. Cawn ef yn personoli Israel hyd yn oed gan beri ei chyfarch fel eiddo Duw (43.1-7), a'i nod bob amser oedd adfer yr hen ffydd a pheri i'r alltudion ymddiried yn Nuw o'r newydd. Cyflwynodd iddi weledigaeth o'u dychweliad i'w gwlad eu hunain ac adferiad Jerwsalem, a chenhadaeth Israel ymysg pobloedd daear.

Fel pob proffwyd pwysodd Eseia'n drwm ar draddodiadau arbennig wrth gyhoeddi ei neges, a gwelir ef yn gwneud defnydd o'r gred Iddewig am etholedigaeth y genedl, sef i Dduw ei dewis yn genedl iddo'i hun o blith holl genhedloedd daear. Cyfeiria'n arbennig at yr exodus o'r Aifft a lle canolog dinas Jerwsalem i ddangos hyn yn ogystal ag at frenhiniaeth Dafydd a grybwyllir ganddo unwaith. Y traddodiadau hyn, heb os, oedd prif gonglfeini ffydd yr Iddew, ond fel pob athrylith y mae'r Ail Eseia'n ehangu ac yn gorlenwi'r traddodiadau a gafodd, a chawn ef hefyd yn ychwanegu atynt un traddodiad arall, na fu i'r un proffwyd erioed ei ddefnyddio o'r blaen, sef y traddodiad am y creu.

I ni yn ddiau, fe ymddengys newydd-deb defnydd yr Ail Eseia o hanes y creu yn anhygoel, oherwydd fe'n magwyd ni i gredu fod 'gwellt y maes a dail y coed' yn 'ei ganmol Ef erioed', ond fel achubwr yn nyddiau'r Aifft yn hytrach nag fel creawdwr y byd y daeth yr Iddewon i adnabod Duw. Ac eto argyhoedda yr Ail Eseia hwy nad oedd rhagor rhwng gwaith Duw'n creu ar y cychwyn a'i waith yn gwaredu ei bobl o'r Aifft drwy agor y Môr Coch. Wyneb yn wyneb â grym anhygoel ymerodraeth Babilon felly, gellid ymddiried yn y Duw a greodd y cyfanfyd i waredu ei bobl unwaith eto; 'Edrychwch, 'rwyf yn gwneud peth newydd, y mae'n tarddu yn awr, oni allwch ei adnabod?' (43.19)

LLENYDDIAETH IOAN

O droi o'r Hen Destament at awduron y Testament Newydd fe welir yn syth fod Duw yn Iesu Grist wedi cyflawni rhywbeth llawer mwy na dim a ragdybiwyd gan yr Ail Eseia na'r un o broffwydi'r hen genedl. Rhagorodd Duw ar ddisgwyliadau ei bobl, ond ni chanfyddwyd rhyfeddod yr Ymgnawdoliad gan bawb, a'r hyn a geir yn Efengyl Ioan yw ymgais i amlygu cariad Duw yn Iesu Grist a dangos ystyr ac oblygiadau ffydd ynddo ef. Gellir ystyried 1 Ioan hefyd fel ymgais bellach i gymhwyso athrawiaethau'r efengyl yn ymarferol, a cheir yn y llythyr wrthwynebiad chwyrn i bob gau athrawiaeth am berson Crist. Nid yw'r rhai hynny nad ydynt yn cydnabod fod Iesu'n Feseia, neu sy'n gwadu iddo ddod mewn cnawd, yn perthyn i Dduw, meddai'r awdur.

CEFNDIR YR EFENGYL A'R LLYTHYR CYNTAF

Ni raid rhoi sylw manwl yn y gwerslyfr hwn i'r holl gwestiynau beirniadol a fu'n poeni pob ysgolhaig a fu'n ymdrin â llenyddiaeth Ioan. Eto'i gyd, fe sylweddola'r sawl sy'n gyfarwydd â'r Testament Newydd bod Efengyl Ioan o ran ei naws a'i hawyrgylch yn wahanol iawn i eiddo Mathew, Marc a Luc, a da y disgrifiodd D. Miall Edwards y profiad o droi ati wedi bod yn pori yn yr efengylau cyfolwg; 'Y mae fel petai dyn yn symud o wlad o feysydd agored i ganol hudoliaeth coedwigoedd a'u lleinw ag ymdeimlad o ddirgelwch.'

Y mae'r astudiaeth gymharol fwyaf arwynebol o Efengyl Ioan a'r efengylau cyfolwg yn dangos yn eglur i unrhyw ddarllenydd y gwahaniaeth amlwg sydd rhyngddi â hwy. Gwelir, er enghraifft, na chofnodir yn Efengyl Ioan lu o bethau a dderbyn gryn sylw yn yr efengylau cyfolwg. Ni cheir ynddi adroddiad manwl o fedydd Iesu na sôn o gwbl am yr enedigaeth wyrthiol a hanesion eraill y geni, y temtiad, y gweddnewidiad, sefydlu'r sacrament o Swper yr Arglwydd, y weddi yn Gethsemane, rhwygo llen y deml a chyffes y canwriad. Ni chofnodir ychwaith weithgarwch Iesu yn Nasareth a Capernaum, ac y mae amryw o gymeriadau cyfarwydd yr efengylau cyfolwg megis Bartimeus a Sacheus yn absennol o'r efengyl hon.

Eto'i gyd, cofnodir yn Efengyl Ioan lu o bethau nad oes sôn amdanynt yn y tair efengyl arall. Er enghraifft; hanes personau fel

Nicodemus, Lasarus, a'r wraig o Samaria, gwyrthiau megis troi'r dŵr yn win yng Nghana a iachau'r gŵr cloff wrth lyn Bethesda. Hefyd fe geir yn yr efengyl hon fanylion ychwanegol a gwahanol i'r hyn a geir yn yr efengylau cyfolwg ynglyn â galw'r disgylbion a gweinidogaeth Ioan Fedyddiwr er enghraifft, ac y mae Ioan yn gosod hanes golchi traed y disgyblion yn y man lle ceir hanes y swper olaf yn yr efengylau eraill. Y mae arddull dysgeidiaeth Iesu hefyd yn wahanol yn Efengyl Ioan. Damhegion syml oedd ei gyfrwng i gyflwyno'i ddysgeidiaeth yn yr efengylau cyfolwg, ond gwelir bod elfen alegoriaidd amlwg yn perthyn i ddarlun Ioan o Iesu fel drws, bugail a gwinwydden. Nid yw Ioan ychwaith yn cyfeirio at y bregeth ar y mynydd, ac ni cheir ganddo ddamhegion megis dameg y Samariad trugarog sy'n canolbwyntio ar ymddygiad dynol. Yn lle dywediadau bachog yr efengylau cyfolwg ceir trafodaethau hirfaith yn Efengyl Ioan rhwng Iesu a'i ddisgyblion a Iesu a'r Iddewon gelyniaethus.

Wedi sylwi ar y gwahaniaethau amlwg hyn rhwng Efengyl Ioan a'r efengylau cyfolwg, fodd bynnag, y perygl mawr yw rhoi gormod o bwyslais arnynt. Atgoffodd sawl ysgolhaig ddarllenwyr y Testament Newydd bod gan awdur Efengyl Ioan ac awduron yr efengylau cyfolwg lawer iawn yn gyffredin, gan fynnu fod Ioan yn gyfarwydd â rhai neu'r cwbl o'r efengylau cyfolwg, neu â'u ffynonellau o leiaf, ac mai ynddynt y cafodd amlinelliad addas o fywyd Iesu. Diau y bu gan Ioan hefyd ffynonellau eraill at ei wasanaeth na wyddai awduron yr efengylau cyfolwg ddim amdanynt, ac mai ar bwys y rheini y bu iddo gywiro ei ragflaenwyr, a goleuo ambell beth nas eglurwyd ganddynt hwy. Yn sicr, yr oedd Ioan yn fwy o ddiwinydd nag o hanesydd a'i fwriad bob amser oedd dwyn tystiolaeth i berson yr Arglwydd Iesu Grist, ac arwyddocâd ysbrydol a diwinyddol bywyd Iesu. Y diben hwn a barodd iddo anwybyddu rhai digwyddiadau a symud eraill o'u lleoliad traddodiadol yn yr efengylau cyfolwg. Bron ar ddiwedd ei efengyl crynhodd ddiben ei waith; 'Ond y mae'r rhain wedi eu cofnodi er mwyn i chwi gredu mai Iesu yw'r Meseia, Mab Duw, ac er mwyn i chwi trwy gredu gael bywyd yn ei enw ef.' (20.31)

I roddi esboniad diwinyddol o'r traddodiad cyfolwg y lluniodd Ioan ei efengyl, ond gwnaeth hynny yn y fath fodd fel ag i ddehongli'r efengyl Gristnogol yng ngoleuni bywyd a syniadau diwylliant Groegaidd ei gyfnod. Dyna'n wir gamp fawr Efengyl Ioan. Esboniad ar fywyd a gwaith yr Arglwydd Iesu, a hwnnw'n addas i ddarllenwyr Hebreig a Groegaidd ydyw. Tynnodd ei hawdur ar iaith a phrofiadau crefyddol y byd o'i gwmpas a dangosodd astudiaeth ysgolheigion o Sgroliau'r Môr Marw, y tybir iddynt gael eu llunio rywbryd cyn diwedd yr ail ganrif cyn Crist a dechrau'r ganrif gyntaf oed Crist, na ellir honni bellach fod syniadau crefyddol Efengyl Ioan yn llawer rhy ddatblygedig iddi fod wedi cael ei chyfansoddi yn y ganrif gyntaf. Ni raid derbyn ychwaith mai cefndir Groegaidd, nid cefndir Hebreig, sydd i Efengyl Ioan. Yn hytrach rhaid derbyn mai plentyn ei gyfnod oedd ei hawdur ac mai amrywiaeth crefyddol diwedd y ganrif gyntaf a adlewyrchir yn ei efengyl.

Yn olaf, rhaid cydnabod na wyddom pwy a ysgrifennodd Efengyl Ioan. Er i'r tadau apostolaidd honni o'r ail ganrif ymlaen mai Ioan brawd Iago a mab Sebedeus, yr Ioan hwnnw a fu'n ddisgybl i Iesu, a'i cyfansoddodd ni roddir fawr o goel ar y gred honno bellach. Ni chredir ychwaith mai ef a luniodd 1 Ioan. Fel yr Ail Eseia, y mae awduron y llythyr a'r efengyl ynghudd y tu ôl i'w neges, ond diau bod dylanwad Ioan fab Sebedeus, neu o leiaf rai o'i ddisgyblion, ar yr efengyl a'r llythyr cyntaf. Wrth eu darllen pwysicach o lawer nag unrhyw ystyriaeth ynglyn â'u hawduraeth neu eu cefndir tebygol fydd cadw mewn cof rybudd Robert ap Gwilym Ddu i'r rhai a fo'n ystyried gweinidogaeth Iesu:

Ni thraethir maint anfeidrol werth
Ei aberth yn dragywydd
Er treulio myrdd o oesoedd glân
Ni bydd y gân ond newydd.

MEDI: Y CREU

Gwers 1: MAWREDD DUW (40.12-17)

Dechrau dadl neu ymryson ehangach yw'r adnodau hyn, a bwriad y proffwyd yn yr adran hon, sy'n ymestyn hyd ddiwedd y bennod, yw gwrthweithio'r gwyn a glywid ymysg yr alltudion ym Mabilon fod Duw wedi eu anghofio; 'Cuddiwd fy nghyflwr oddi wrth yr Arglwydd ac aeth fy hawliau o olwg fy Nuw.' (adn. 27)

Peth naturiol iawn i'r Iddewon yn y gaethglud oedd teimlo'n ddigalon a siomedig. Eu gofid mawr oedd fod duwiau Babilon wedi cael y gorau ar Dduw Israel, a'i fethiant neu ei amharodrwydd ef i'w cynorthwyo, meddent, a barodd eu caethiwed a'u dioddef. Ond er gwaethaf cywirdeb a chadernid ymddangosiadol y farn hon, â yr Ail Eseia ati'n syth i'w herio, ac yma gwelwn ef yn gwneud hynny drwy gyfeirio at fawredd Duw fel crëwr ac Arglwydd hanes.

Nifer o gwestiynau rhethregol, cwestiynau y mae eu hatebion mor amlwg fel nad oes raid eu hadrodd, a geir yn adnodau 12-14. Hola'r proffwyd ynghylch y gwaith o greu'r bydysawd, ac y mae'r dyfroedd a'r nefoedd, pridd y ddaear a'r mynyddoedd yn dynodi'r cyfan o'r cread. Pwy a fu'n mesur a phwyso a gosod y cyfanfyd yn ei le yw ei gwestiwn, ac y mae'n cymryd yn ganiataol nad person dynol a wnaeth hynny. Yn wir, yr awgrym yw fod y greadigaeth mor fawr fel na all meidrolyn ei dirnad, ac yn sicr ni all yr un dyn ychwaith gwmpasu na chyfarwyddo ysbryd yr Arglwydd, sef ei allu gwyrthiol a chreadigol. Y mae hwnnw y tu hwnt i reolaeth a dealltwriaeth dynion, a cheisia'r Ail Eseia argraffu ar feddwl a chalon yr alltudion fod Duw Israel, creawdwr y cyfanfyd, yn llawer mwy ei rym na duwiau serol Babilon.

Bai mawr yr alltudion, fe ellid tybio, oedd eu bod yn gwybod gormod, yn ystyried popeth o safbwynt eu hamgylchiadau trist a digalon eu hunain, gan dyfu'n bobl amharod iawn i dderbyn dim newydd gan Dduw na chredu y gallai ef wneud rhywbeth gwahanol. Ond er gwaethaf y ffaith iddynt ofni'r Babiloniaid a'r cenhedloedd estron o'u cwmpas, fe'u hatgoffir gan yr Ail Eseia nad oedd y rheini, fe ddichon, i'w hystyried yng nghynlluniau Duw; ddim mwy nag y dylid ystyried y llwch ar y glorian wrth bwyso nwyddau, neu y diferyn dŵr a gollid wrth godi bwcedaid o ddŵr o ffynnon. Diddim oeddynt, llai na dim; a rhaid oedd atgoffa'r caethion o hynny er mwyn iddynt sylweddoli fod Duw Israel, y Creawdwr, hefyd yn Arglwydd Hanes, a bod holl amgylchiadau dynion yn ei law. Diau na cheid yn Lebanon, a oedd yn enwog am ei choedwigoedd, ddigon o goed nac anifeiliaid i baratoi aberth teilwng iddo ef. Yr oedd y tu hwnt i ddirnadaeth dyn, a dim ond aberth o faint anfesuradwy fyddai'n addas iddo.

Ond er gwaethaf ei weledigaeth lachar o fawredd Duw, nid yw'r Ail Eseia er hynny'n colli golwg ar y gwirionedd mai person ydyw. Nid annog addoli elfennau'r cread fel y gwnâi'r paganiaid o'i gwmpas a wnâi ef, ond hoelio sylw'i wrandawyr ar y Crëwr. Bu'n ddiogn craff i gydnabod ofn a siom ac amheuon yr alltudion a deimlai fod Duw wedi eu gadael ar drugaredd eu gelynion. Gwyddai fod yn rhaid i'r Duw a gollodd gymaint o barch ac anrhydedd yn eu tyb hwy, ddod eto'n Dduw mawr yn eu golwg, ac nid damwain yw fod yr adnodau hyn sy'n mawrygu brenhiniaeth Duw drwy ganmol ei waith fel Creawdwr ac Arglwydd Hanes yn adlewyrchu'r salmau mawr disgrifiadol. Cymharer, fel enghraifft, Salm 33.7-11 lle mae'r Salmydd yntau'n ymdrin â'r un themau ag a geir gan yr Ail Eseia yn yr adran hon:

Trwy air y Arglwydd y gwnaed y nefoedd,
a'i holl lu trwy anadl ei enau;
Casglodd y môr fel dŵr mewn potel,
a rhoi'r dyfroedd mewn ystordai.
Bydded i'r holl ddaear ofni'r Arglwydd,
ac i holl drigolion y byd arswydo rhagddo.
Oherwydd llefarodd ef, ac felly y bu;
gorchmynnodd ef, a dyna a safodd.
Gwna'r Arglwydd gyngor y cenhedloedd yn ddim,
a difetha gynlluniau pobloedd.
Ond saif cyngor yr Arglwydd am byth,
a'i gynlluniau dros yr holl genedlaethau.

Ceisio adfer y gân a anghofiwyd wnaeth yr Ail Eseia. Er mwyn gallu gwneud hynny, fodd bynnag, rhaid oedd delio ag ofnau ac amheuon yr alltudion, ac fel proffwydi'r cyfnod cyn y gaethglud a rybuddiodd Israel rhag dibynnu gormod ar genhedloedd estron, neu rhag bod yn rhy ofnus ohonynt, mawrygodd yntau Dduw Israel fel brenin y brenhinoedd. Ond yn wahanol iddynt hwy nid codi bri'r Arglwydd wyneb yn wyneb ag un genedl estron neu un duw paganaidd wnaeth yr Ail Eseia, ond ei fawrygu yng ngwydd y cyfan ohonynt. Y sylweddoliad syfrdan fod Duw yn bopeth, a phopeth arall yn ddim, sy'n nodweddu ei eiriau a gwarant ei argyhoeddiad oedd fod Duw'n grëwr. O gofio mai'r Arglwydd a luniodd y bydysawd gallai ddweud yn eofn wrth yr alltudion; 'Nid yw'r holl genhedloedd yn ddim ger ei fron ef; y maent yn llai na dim ac i'w hystyried yn ddiddim.'

Trafodwch

1. Pa mor euog ydym ni heddiw o weld pob peth o'n safbwynt crefyddol digalon ni ein hunain?

2. *Mae'r holl greadigaeth yn dy law,*
   Ti sy'n ei threfnu yma a thraw;
   I ddatgan dy anfeidrol glod
   Mae pob rhyw drefn ag sydd yn bod.

3. A ydym ni heddiw'n cymryd o ddifrif anawsterau'r rhai sy'n cael anhawster i gredu yn Nuw?

Gwers 2: GALLU DUW A CHYFRIFOLDEB EI BOBL (43.1-13)

Gwaredigaeth yw thema ganolog yr adnodau hyn, ac ni allwn ond rhyfeddu at y modd y mae'r Ail Eseia'n cyhoeddi gyda'r fath arddeliad ei neges wrth Iddewon y gaethglud. Gan fod Duw wedi maddau i'w bobl y mae eu rhyddid eisoes wedi ei sicrhau; ac y mae'r 'yn awr' sy'n sefyll ar ddechrau'r bennod hon yn datgan fod cyfnod newydd wedi dechrau yn hanes pobl Israel.

Neges o lawenydd, felly, ydoedd neges yr Ail Eseia, ond er iddo ei chyhoeddi i genedl gyfan y mae'n amlwg bod ynddi hefyd apêl bersonol. Gwyddai'r proffwyd yn iawn am yr angen i argyhoeddi unigolion â'i neges, ac wrth ei chyfeiro at Jacob ac Israel fel petaent yn bobl arbennig, yn hytrach nag yn enwau eraill ar genedl Israel, llwyddodd i roi i'w eiriau ryw agosrwydd a pherthnasedd rhyfedd. Y mae'r sicrwydd pellach y bydd y rhai a ryddheir gan Dduw o gaethiwed yn ddiogel mewn dŵr a thân eto'n cryfhau'r ymdeimlad hwn, a bron nad yw adnodau cyntaf y bennod yn lapio am y darllenydd.

Cyfeiriodd rhai esbonwyr at y cysur a geir o osod enwau personol yn lle Jacob ac Israel yn yr adnod gyntaf, a diau bod yr alltudion a glywodd ddatgan y geiriau hyn yn y gaethglud, wedi cofio'n syth am ymwneud gofalus a chariadus Duw â'u cyn-deidiau, Abraham, Isaac a Jacob. Byddai 'gwaredu' hefyd iddynt hwy yn golygu mwy nag a wna 'rhyddhau' i ni, gan mai perthyn i faes cyfraith deuluol yr oedd y ferf yn wreiddiol. Yno golygai dalu am ryddid rhywun, megis pan fo aelod o deulu yn talu dyledion aelod arall er mwyn sicrhau ei ryddid.

Gweithgaredd Duw oedd gwaredu yn ôl yr Ail Eseia, ac y mae aruthredd y gweithgarwch hwnnw'n cael ei gyfleu gan barodrwydd Duw Israel, yr oedd ei awdurdod yn ymestyn dros yr holl fyd, i gyfnewid yr Aifft, Ethiopia a Seba am y genedl. Ni ddylid cymryd y fath haeriad, fodd bynnag, i olygu fod rhai pobloedd yn bwysicach na'i gilydd yng ngolwg Duw. Arfer iaith cariad y mae'r Ail Eseia a chynrychiola'r tair gwlad a enwyd Affrica gyfan. Am ddweud y mae'r proffwyd fod cariad Duw at ei bobl ddewisedig mor fawr, fel y byddai'n fodlon talu unrhyw bris, hyd yn oed Affrica i gyd, i'w rhyddhau. Ac y mae'r rheswm am hynny'n cael ei wneud yn amlwg; 'Am dy fod yn werthfawr yn fy ngolwg, yn ogoneddus, a minnau'n dy garu.' (adn.4)

Dyma fynegi'n groyw a di-amwys yr hyn a olyga'r Hen Destament wrth etholedigaeth. Dewisodd Duw haid o boblach alltud a di-hyder a mynnodd eu caru a'u gwaredu, a dyma'n ddi-os sylfaen y cyfan yr oedd gan yr Ail Eseia i'w ddweud am ymwneud Duw ag Israel. Ar sail yr argyhoeddiad hwn y mae'n darlunio Duw yn gorchymyn eithafoedd y ddaear i anfon yr alltudion yn ôl i'w gwlad. Adlewyrcha hyn nid yn unig gariad Duw ond ei allu fel crëwr, a'i awdurdod fel Arglwydd hanes yn ogystal. Ond peidied neb a meddwl mai er ei mwyn ei hun y mae'r genedl a grewyd gan Dduw yn cael dychwelyd adref. Na, mynegi gogoniant yr Arglwydd a wneir gan hynny, ac y mae'r Ail Eseia'n argyhoeddedig fod y rhai y gelwir ar eu henwau (adn.1) â rhan ganddynt yng ngweithgarwch achubol Duw sy'n mynegi ei ogogniant.

Yn dilyn yr adnodau sy'n cyhoeddi achubiaeth (adn 1-7), fodd bynnag, ceir araith ar ffurf yr hyn y gellid disgwyl ei glywed mewn prawf mewn llys barn (adnau 8-16). Bellach rhaid penderfynu pwy sydd Dduw mewn gwirionedd, a gelwir ar Israel i dystiolaethu o blaid yr Arlgwydd. Ond dywedir fod y genedl yn ddall er bod llygaid ganddi, ac yn fyddar er bod clustiau ganddi. Hynny yw, ni fanteisiodd ar ei pherthynas hir â Duw Israel a'i chymhwyso'i hun i fod yn dyst ffyddlon iddo. Arall fu ei hagwedd, ac fel un dall a byddar ni sylwodd ar weithgarwch yr Arglwydd. Eto gallai Duw ei defnyddio er gwaethaf ei diffygion, a dywedir mai'r prawf ar ddwyfoldeb honedig y gwahanol dduwiau yw a ellir ymddiried ynddynt? A fu iddynt brofi y gellir ymddiried ynddynt drwy ragfynegi'n gywir yr hyn a ddigwyddodd ar lwyfan hanes?

Sylwer nad yw tystion y duwiau paganaidd yn cael dod gerbron. Cymerir yn ganiataol na allent hwy dystio i'w duwiau ragfynegi'r hyn a ddigwyddodd, ac y mae'n ddiddorol sylwi fel y gosododd yr Ail Eseia holl bwysau'r prawf ar y gofyniad hwn. Problem arbennig yr alltudion oedd iddynt golli eu mamwlad, ac ni ellid goresgyn y fath boblem ond drwy ganfod i Dduw Israel ragfynegi'r golled honno. Am hynny nid oedd moesoldeb nac ysbrydoledd, diwylliant nac unrhyw rinwedd arall i ddod dan ystyriaeth wrth geisio penderfynu pwy yn wir oedd yn ddwyfol. Rhaid oedd i Israel wybod a chredu a deall (adn.10).

Yr oedd yn rhaid iddi sylweddoli mai Duw a'i cosbodd ac mai ef a'i gwaredai, rhaid oedd iddi ei ganfod yn creu dyfodol newydd iddi allan o alanas y gorffennol.

Ac y mae'r Ail Eseia, am y tro cyntaf yn hanes proffwydoliaeth Israel, yn cyhoeddi cred ddi-amwys mewn undduwiaeth. I'r paganiaid, bodau a grewyd oedd y duwiau, a cheid yn niwylliant Babilon chwedloniaeth gyfoethog am hynny. Ni fu Israel ychwaith, tra'n arddel ei Duw ei hun, yn barod i wadu bodolaeth duwiau eraill. Ond yn awr dywed yr Ail Eseia'n bendant na chrewyd yr un duw cyn bod Duw Israel, ac na ddaeth yr un i fod ar ei ôl ef ychwaith. Bod unigryw ydoedd. Dyma'r unig wir a'r bywiol Dduw, ac y mae'r Ail Eseia'n sylfaenu ei haeriad ar adnabyddiaeth Israel o'r Duw hwnnw. Onid oedd ei holl hanes hir ynghlwm wrtho ef, ac onid allai gofio adeg pan nad oedd yr un duw dieithr yn cystadlu ag ef am ei ffyddlondeb?

Cyfrifoldeb Israel bellach oedd tystio'n ffyddlon i ddwyfoldeb yr Arglwydd, a hynny ar sail y ffaith i'r hyn a fynegwyd ganddo ddigwydd. Gallai fod yn gyfangwbl argyhoeddedig o'i allu, ac yn gyfangwbl sicr na allai dim dorri'r berthynas rhyngddi â'r Arglwydd.

Trafodwch

1. Mae'n amlwg beth a olygai'r Ail Eseia wrth waredigaeth, ond beth tybed yw ystyr y term i ni heddiw?

2. *O defnyddia*
   Ni'r annheilwng yn dy waith.

3. Y ffaith iddynt golli eu mamwlad oedd yn llesteirio ffydd a chred yr alltudion. Beth sy'n gwneud ffydd a chred yn anodd heddiw?

Gwers 3: 'MWY WYT NA HOLL DDYCHYMYG DYN.' (40.27-31)

Ymateb yn uniongyrchol i gwyn benodol yr alltudion fod Duw wedi eu gadael a wna'r Ail Eseia yn yr adran hon. Y mae nodyn o syndod yn ei lais wrth iddo holi pam fod pobl Dduw yn haeru i'r Arglwydd eu anghofio. Onid oeddynt yn sylweddoli mai sôn am greawdwr pob peth yr oeddynt, ac onid oeddynt yn deall na allai'r un person meidrol ddirnad ei feddwl ef? Diau fod cyfnod eu halltudiaeth wedi bod yn un hir iawn, ac fe allai'r proffwyd ddeall a chydymdeimlo â'u digalondid a'u diffyg hyder, ond rhaid oedd iddynt weld eu hunain ochr yn ochr â'r Duw anfeidrol na ellid mesur hyd ei einioes mewn amser gan ei fod yn dragwyddol, na'i faint mewn gofod gan mai ef a greodd gyrrau'r ddaear.

Y tu ôl i gŵyn yr alltudion yr oedd yr agwedd meddwl honno a fynnai ystyried perthynas â Duw yn nhermau hawl a dyletswydd. Ceir yr un agwedd yn 58.3 lle y mae'r bobl yn cwyno iddynt gyflawni defodau megis ymprydio, ond na fu i Dduw eu gwobrwyo am hynny. Dywed yr Ail Eseia, fodd bynnag, nad yw'r fath agwedd yn addas wrth ddelio â'r Arglwydd. Ni all dyn hawlio dim mewn perthynas ag ef, ond y mae ef er hynny'n rhoi'n helaeth i'w bobl. Yr un oedd gweledigaeth yr Ail Eseia â gweledigaeth David Jones, Treborth;

Mae Duw yn llond pob lle,
Presennol ymhob man;
Y nesaf yw Efe
O bawb at enaid gwan;
Wrth law o hyd i wrando cri:
"Nesau at dduw sy dda i mi."

Nod yr Ail Eseia, wrth edliw i Israel ei chwyn oedd dwyn cysur iddi. O alarnad gyfoes a ddefnyddid gan yr alltudion wrth addoli y cafodd y proffwyd union eiriau'r gwyn, mae'n debyg; "Cuddiwyd fy nghyflwr oddi wrth yr Arglwydd, Ac aeth fy hawliau o olwg fy Nuw." (adn.27)

Yr oedd y geiriau hyn, felly, yn gyfarwydd i'r alltudion gan iddynt arfer clywed eu defnyddio wrth addoli Duw, ac y mae'r Ail Eseia'n eu hateb yn null y salmau moliant. Rhan o arfer y canu mawl disgrifiadol oedd disgrifo mawredd Duw, ei agosrwydd at ei bobl, a'i barodrwydd i gynorthwyo'r gwan a darostwng y cryf. Cymharer, er enghraifft Salm 147.5-7:

Mawr yw ein Harglwydd ni, a chryf o nerth;
y mae ei ddoethineb yn ddifesur.
Y mae'r Arglwydd yn codi'r rhai gostyngedig,
ond yn bwrw'r drygionus i'r llawr.
Canwch i'r Arglwydd mewn diolch,
canwch fawl i'n Duw â'r delyn.

Rhybudd oedd gan yr Ail Eseia felly; rhybudd i bobl a barhaodd i addoli Duw yn y gaethglud, ond yr aeth eu crefydd yn farwaidd yn swn cwynfan. Ni ddylent dybio eu bod eisoes wedi cwmpasu a deall holl gyngor Duw. Eu braint yn hytrach oedd meithrin agwedd ostyngedig, a chadw meddwl agored, a bod yn barod i groesawu'n llawen yr hyn y byddai Duw'n ei gyflawni yn y dyfodol.

Dichon i'r Ail Eseia brofi bendith y fath agwedd yn ei brofiad personol ef ei hun. Byddai yntau fel gweddill yr alltudion wedi hen ddigaloni onibai am hynny. Ond sywleddolodd fod Duw o hyd yn gweithio, ac er mai'r newyddion am ddyfodiad Cyrus a dymchweliad buan ymerodraeth Babilon oedd cefndir ei neges, y mae'n amlwg fod ei obaith a'i hyder wedi eu gosod ar sylfaen gadarnach na rhawd brenin estron. Gobeithio yn Nuw, nid yng Nghyrus, a wna'r Ail Eseia, ac y mae'r elfen o ddisgwyl y mae'n ei hannog ar ei wrandawyr yn alwad i ffydd ac ymddiriedaeth. Yn wir, y mae disgwyl wrth yr Arglwydd, i'r proffwyd hwn, yn gyfle i ymlawenhau; ac am hynny mawl sy'n nodweddu ei eiriau. Gwisgir y mawl mewn gwrthgyferbyniad sy'n amlygu gallu a thrugaredd Duw:

Y mae'r ifanc yn diffygio ac yn blino,
a'r cryfion yn syrthio'n llipa;
ond y mae'r rhai sy'n disgwyl wrth yr Arglwydd
yn adennill eu nerth;

y maent yn magu adenydd fel eryr,
yn rhedeg heb flino,
ac yn rhodio heb ddiffygio.

Dyma'r mawl a ddylai nodweddu pob addoliad, a bu ymdriniaeth y rabbiniaid o'r adnodau hyn mewn cyfnodau diweddarach yn enghraifft wiw o'r angen i addolwyr pob cyfnod hawlio a meddiannu'r fath brofiad, a'i wneud yn berthnasol iddynt hwy eu hunain. Yn ôl traddodiad y rabbiniaid cyfeiriad at yr exodus o'r Aifft oedd 'magu adenydd fel eryr'; taith yr anialwch, sef y crwydro o'r Aifft i Ganaan oedd y 'rhedeg heb flino'; a bywyd yng ngwlad yr Addewid, meddid, a gai ei nodweddu gan 'rodio heb ddiffygio'.

Awgrymodd rhai beirniaid y ceir disgynneb ar ddiwedd yr adran, gan fod hedfan fel eryr, fe ellid tybio, yn amgenach gweithgarwch na rhedeg, a rhedeg yn rhagori ar rodio. Ond cam â meddwl y proffwyd fyddai'r fath fanylu; a beth bynnag, yn ôl un esboniwr, y mae 'rhodio', sef byw o ddydd i ddydd, yn anoddach lawer na hedfan weithiau ar adenydd llawenydd, neu ruthro am ysbaid wedi i'n brwdfrydedd gael ei danio.

Trafodwch.

1. Beth yw'r cwynion cyfoes yn erbyn Duw?

2. *Gobeithiwch ynddo bawb o'r saint,*
   Er cymaint yw eich gofid.

3. Dywedodd Iesu: 'Ond y sawl sy'n dyfalbarhau i'r diwedd gaiff ei achub' (Math.24.13). A ydym ni'n euog o ddiffyg dyfalbarhad?

Gwers 4: ADDOLI'R CRËWR (40. 18-26)

Y Duw anghymharol nad oes neb na dim tebyg iddo yw'r thema a gyflwyna'r Ail Eseia i sylw'r alltudion yn awr, ac fe wna hynny drwy ofyn dau gwestiwn rhethregol. I bwy tybed y mae Duw yn debyg, neu sut yn y byd y mae ei bortreadu? Ceisio cael yr alltudion i ystyried Duw yn hytrach na'u hamgylchiadau eu hunain yr oedd y proffwyd, ac o'u cael i feddwl, gobeithiai eu hargyhoeddi pa mor ffôl oedd portreadu Duw â delw.

Ym Mabilon yr oedd gwneud delwau o'r duwiau paganaidd yn fater costus, a disgrifia'r Ail Eseia fel y byddai crefftwr yn llunio'r ddelw ac yna'r eurych yn ei haddurno ag aur a chadwyn arian. Oni allai rhywun fforddio'r fath ddefnyddiau drudfawr ar gyfer gwneud delw, byddai'n dewis cael un wedi ei gwneud o bren, ond yn gofalu fod hwnnw'n bren caled na fyddai'n pydru'n rhwydd. Rhaid hefyd fyddai ei gosod i sefyll yn gadarn rhag iddi gwympo, ac ni allwn lai na dychmygu gwên yn dod i wyneb y proffwyd wrth iddo ddweud hyn. Lladd â phluen yw ei ddull yma, ac er nad yw ei wawd yn amlwg y mae ei eiriau'n ddeifiol.

Os llygad-dynwyd yr alltudion gan rwysg a chrefft delwau'r paganiaid, dylent hwy o bawb gofio na ellid darlunio'r Duw byw ar ffurf delw. Onid oedd yr ail o'r Deg Gorchymyn yn gwahardd hynny, ac er i'r genedl syrthio ar dro i eilunaddoliaeth, bu holl dueddfryd crefydd Israel yn groes i hynny erioed.

Ac yn awr fe aiff yr Ail Eseia rhagddo i holi'r alltudion eto, a'r tro hwn y mae'n disgwyl ateb i'w gwestinyau. Oni fu'n wybyddus iddynt o'r dechrau pa mor fawr oedd Duw? Darlunia'r proffwyd y sefyllfa yn ôl darlun yr Hen Fyd o'r bydysawd, gyda'r ddaear fel bwrdd gwastad a'r ffurfafen fel powlen fawr yn gorwedd wyneb i waered arno. Yn yr entrychion yr eisteddai Duw gan syllu i lawr ar bobl, a oedd mor fach a phell fel eu bod yn ymddangos fel locustiaid. Ni allai'r un ddelw wneud cyfiawnder â'i fawredd ef. Ef a daenodd y nefoedd fel llen a gosod y ffurfafen yn ei lle fel petai'n codi pabell, ac y mae'r Ail Eseia'n ddi-amau, wrth fanylu ar weithgarwch creadigol Duw fel hyn, am atgoffa'r alltudion o'r traddodiad o foli'r crëwr a geid yn y Salmau. Ailgynnau'r mawl hwnnw yng nghanol amgylchiadau'r gaethglud oedd ei nod, oherwydd gwyddai ef yn iawn na allai dim ond mawl fraenaru'r tir ar gyfer ei neges.

Y gwirionedd yr oedd yn rhaid i'r alltudion ddal gafael arno oedd fod y Duw a greodd y bydysawd, y Duw y buont hwy yn ei addoli a'i foliannu, hefyd yn arglwyddiaethu dros bob cenedl a brenin a theyrn. Nid oedd mawrion y ddaear yn ddim yn ei olwg, a gallai ddinistrio rheolwyr y byd. Fel planhigion ifanc newydd eu plannu a gâi eu deifio gan wynt neu eu diwreiddio gan gorwynt, felly ni allai yr un person dynol wrthsefyll ei rym ef.

Cam bychan, yn nhyb yr Ail Eseia, oedd rhwng moliannu'r crëwr a datgan ffydd yn y Duw a allai waredu ei bobl. Fel cynulleidfa mewn cwrdd diolchgarwch yn canu emyn Dewi Môn, fe allai'r alltudion hefyd droi moli'r crëwr yn ganllaw i fawrygu'r gwaredwr:

Moliannwn di, O! Arglwydd,
Wrth feddwl am dy waith
Yn llunio bydoedd mawrion
Y greadigaeth faith;
Wrth feddwl am dy allu
Yn cynnal yn eu lle
Drigfannau'r ddaear isod
A phreswylfeydd y ne'.

Moliannwn di O! Arglwydd,
Wrth feddwl am dy ffyrdd
Yn llywodraethu'n gyson
Dros genedlaethau fyrdd;
Wrth feddwl am ddoethineb
Dy holl arfaethau cudd
A'u nod i ddwyn cyfiawnder
O hyd i olau dydd.

Cyfiawnder yn sicr oedd angen mawr alltudion y gaethglud; cyfiawnder a fyddai'n dwyn rhyddid i'w ddilyn. Felly cyn gadael y cwestiwn 'Sut un yw Duw?' neu 'Pwy yn y byd ydych chwi'n ei addoli?' y mae'r Ail Eseia'n rhoi un dyrnod olaf i dduwiau Babilon na allent ddwyn cyfiawnder i neb.

Mae'n debyg i rai o'r Iddewon ym Mabilon droi at dduwiau'r paganiaid. Duwiau serol oedd y pennaf ymhlith y rheini, ac yn awr y mae'r proffwyd yn gwahodd yr alltudion i godi eu golygon i fyny ac edrych ar y sêr. Mae eu hymddangosiad trefnus bob nos, heb fod yr un ohonynt byth ar goll, yn dangos grym y llaw anweledig sy'n rheoli eu symudiadau. Ond go brin fod edrych ar y sêr, er hynny, yn weithgarwch sy'n ennyn ffydd yn Nuw. Mwy tebygol yw i'r rhai sy'n rhyfeddu at y sêr droi'n sêr addolwyr os nad oeddent yn gwybod pwy a'u creodd.

Ac am hynny y mae'r Ail Eseia eto fyth yn tynnu sylw'r alltudion at y Crëwr:

> *Pwy a fu'n galw allan eu llu fesul unac yn rhoi enw i bob un ohonynt? Gan faint ei nerth, a'i fod mor eithriadol gryf, nid oes un ar ôl.*

Edrych y tu hwnt i'r cread y mae'r Ail Eseia. Nid elfennau na phrosesau natur aeth â'i fryd ef, ac er y credid ym Mabilon, fel y cred amryw hyd yn oed heddiw, y gallai'r sêr reoli tynged dyn, chwerthin am ben y fath gred wna'r proffwyd. Yr un oedd ei agwedd ag eiddo Pantycelyn:

> *D'air a wnaeth y moroedd helaeth*
> *D'air a wnaeth y ddaear fawr,*
> *D'air a greodd lu'r ffurfafen*
> *Sydd yn hongian uwch y llawr:*
> *'Mysg a greaist'*
> *Does gyffelyb it dy Hun.*

Trafodwch.

1. A ydym ni o hyd, fel y paganiaid gynt yn addoli delwau?

2. Pa mor bwysig yw mawl ac addoliad i gynnal ffydd?

3. 'Rwy'n credu mewn rhagluniaeth nid ofergoelion.'

HYDREF: GWAS YR ARGLWYDD
Gwers 5: GOLEUNI I'R CENHEDLOEDD (42. 1-9)

Rhoddwyd yr enw Caneuon y Gwas ar y darnau hynny o Lyfr Eseia a astudir gennym yn yr uned hon, a hynny am mai sôn am Was yr Arglwydd a wneir ynddynt. Rhaid dweud yn syth, fodd bynnag, na wyddom pwy yw'r gwas y cyfeirir ato yn y caneuon, ac na ddaw llawer o fudd o holi, fel y gwnaeth yr eunuch hwnnw yn Llyfr yr Actau, at bwy, tybed, y cyfeiria'r proffwyd yma (8.34). Gwell o lawer na mynd ar ôl y fath gwestiwn yw canolbwyntio ar yr hyn a ddywedir yn y caneuon eu hunain; ond rhaid cofio fod cysylltiad agos iawn rhyngddynt â gweddill gwaith yr Ail Eseia, ac mai'r duedd fwyaf cyffredin fu cysylltu'r Gwas â'r Ail Eseia ei hun, neu â chenedl Israel yn gyffredinol.

Y mae'r gyntaf o'r caneuon, sef yr un yr edrychir arni yn awr, yn agor gyda Duw yn cyflwyno'i was gan ddatgan ei fod yn ei gynnal. Ef a rydd iddo nerth, ac fe'i penodwyd i'w waith, nid am fod ynddo unrhyw nodweddion arbennig, ond yn unig am i Dduw ymhyfrydu ynddo. Atgoffir ni o eiriau Duw wrth Samuel, pan gyfarfu Samuel â Saul am y tro cyntaf; 'Dyma'r dyn y dywedais wrthyt amdano; hwn sydd i reoli fy mhobl.' (1Sam. 9.17) Penodiad brenin, yn sicr, lywiodd feddwl awdur y gân hon felly, ac yn unol â thuedd y Beibl ni cheisiodd esbonio na chyfiawnhau'r dewis dwyfol (cymh. Gen. 4.5, Mc. 1.11). Gelwir ar y bobl, er hynny, i fod yn dystion o'r penodiad, a rhaid cofio mai gweithred gyhoeddus oedd penodi brenin yn Israel, ond mai rhywbeth personol, rhwng yr unigolyn a Duw, oedd galwad proffwyd.

Wedi datgan i'r gwas gael ei benodi i'w waith gan Dduw, dywedir hefyd iddo gael ei gynysgaeddu, fel Dafydd gynt adeg ei eneinio, ag Ysbryd Duw (gw. 1Sam. 16.13). Galluogai hynny iddo wneud ei waith sef cyhoeddi barn gywir a fyddai yn berthnasol i'r cenhedloedd a'r holl ddaear. Yr hyn a olygid wrth 'farn', mae'n debyg, ydoedd cyfiawnder, a chysylltodd ambell esboniwr y gwaith hwn o gyhoeddi cyfiawnder â neges ganolog yr Ail Eseia, sef y byddai Duw yn sicrhau y câi ei bobl ddychwelyd yn rhydd i'w gwlad wedi'r gaethglud ym Mabilon. Gweld hynny'n digwydd, meddid, fyddai'n sicrhau'r cenhedloedd fod Duw

Israel yn gyfiawn, ac yn peri iddynt gefnu ar eu duwiau eu hunain a'i addoli ef. Dyma'r goleuni i'r cenhedloedd y cyfeirir ato yn y caneuon hyn; sef gwireddu'r neges broffwydol yn hanes pobl arbennig a fyddai, yn eu tro, yn amlygu gogoniant Duw i'r byd o gwmpas.

Ond nid yn unig yr oedd y Gwas i gyhoeddi barn, yr oedd hefyd i wneud hynny mewn modd tyner, tawel a diymhongar, a diau fod awdur y gân am wahodd cymhariaeth yn y fan hyn â rhwysg a mawredd brenhinoedd yr hen fyd. Gwyddom, er enghraifft, y byddai'r brenin yn Israel gynt ar ei ddyfodiad i'r orsedd yn peri cyhoeddir gyfraith yn y strydoedd, ond ni fyddai Gwas yr Arglwydd yn gweiddi nac yn codi ei lais nac yn peri iddo'i hun gael ei glywed yn yr heol! Yn yr un modd, ni fyddai ei ddull o gyhoeddi barn neu weithredu cyfiawnder yn llym fel dull y byd, ac y mae'r sôn am y modd y bydd yn arbed corsen wedi ei hysigo a llin yn mygu rhag niwed, yn cyfleu nid yn unig ei ofal ond ei sefyllfa fregus ei hun yn ogystal. Oherwydd arfer cynrychiolydd y brenin wrth ddatgan yn gyhoeddus ddedfryd o gondemniad ar droseddwr oedd torri ei ffon a diffodd ei lamp fel arwydd o hynny. Ond ni fyddai y Gwas yn torri corsen ysig nac yn diffodd llin yn mygu, ac ni châi yntau ei ddiffodd na'i ysigo ychwaith. Sicrheir ef, nas torrir ef i lawr ac nas llosgir allan cyn gorffen ei waith, ond ymhlyg yn y sicrwydd y mae'r awgrym y bydd yn rhaid iddo ddioddef. Eisoes, meddir, y mae'r Ynysoedd, sef y cenhedloedd y tu allan i Israel, yn disgwyl am ei gyfraith, ac y mae'r 'disgwyl' yn awgrymu iddynt ragdybio y ceid yn ei neges foddion rhyddhad a gwaredigaeth. Yr awgrym yw y caiff neges y Gwas yr un croeso ganddynt hwy ag a gafodd neges yr Ail Eseia gan alltudion Babilon!

Wedi'r cyhoeddiad o benodaid y Gwas, a'r ymdriniaeth o'i waith, ceir pum adnod yr awgrymwyd gan rai esbonwyr eu bod yn ychwanegiad diweddarach at y gân wreiddiol. Ymddengys mai at genedl Israel, yn hytrach nag at unrhyw unigolyn y cyfeiria'r rhain, ac wedi'r molawd cychwynnol i Dduw'r creawdwr (adn. 5) dywedir fel y bu i Dduw ddewis Israel a chydio yn ei llaw. Gan y dywedir rhywbeth tebyg yn 41. 8-9, cyn ychwanegu'r geiriau 'Fy ngwas wyt ti, 'rwyf wedi dy ddewis ac nid dy wrthod', tybiodd rhywun, efallai, fod 42.5-9 hefyd yn cyfeirio at Was yr Arglwydd yn hytrach na'r genedl. Dyna esbonio sut y llusgwyd yr adnodau hyn i mewn yma, ond go brin eu bod yn cymryd eu lle'n esmwyth, ac y mae'r cyfeiriad at 'gyfamod pobl' o hyd yn aros yn dywyll. Eto'i gyd, mae'n hollol amlwg mai'r ergyd yw fod Duw am ddefnyddio Israel, ac y mae'r sôn am agor llygaid y deillion a rhyddhau'r caethion a'r rheini sydd wedi eu carcharu mewn cell yn dynodi dileu dioddefaint. Swyddogaeth Israel fyddai hynny, a gellir awgrymu mai wrth i Israel fel cenedl dderbyn neges proffwyd y gaethglud a diolch i'r Arglwydd am ei gwaredigaeth y deuai hefyd yn oleuni i'r cenhedloedd, i'w harwain at y Duw byw, a oedd eisoes wedi mynegi i'w bobl y 'peth newydd' yr oedd yn ei baratoi ar eu cyfer.

Trafodwch

1. Y perygl wrth astudio'r ysgrythur yw rhoi cymaint o sylw i fanylion nes anwybyddu'r neges.

2. A oes gan Gymru, fel Israel gynt, negs arbennig am Dduw i'w chyhoeddi?

3. Y mae'n rhaid bod yn gryf i fod yn effeithiol.

Gwers 6: METHIANT A LLWYDDIANT (49.1-7)

Cyfarch y cenhedloedd a wna'r Gwas yn y gân hon gan sôn am ei alwad, ei brofiad a'i waith. Dywed i Dduw ei alw pan oedd yng nghroth ei fam a'i neilltuo neu ei enwi i'w wasanaethu. Os penodiad brenin oedd cefndir y gân gyntaf, galwad proffwyd yw'r cefndir yn awr, ac fel yn hanes Jeremeia gynt, y mae'r alwad hon eto i'w olrhain i adeg pan nad oedd neb ond Duw yn gwybod amdani (gw. Jer. 1.5). Effeithiodd hefyd ar fywyd y Gwas yn gyfan, a rhoddwyd i'w eiriau dreiddgarwch a dylanwad eang. Yn wir, y mae yma awgrym fod rhywbeth ymosodol yn y gair a all dorri fel cledd a thrywanu fel saeth, ac atgoffir ni am ddisgrifiad y Llythyr at yr Hebreaid o'r gair dwyfol, y dywedir ei fod yn 'treiddio hyd at wahaniad yr enaid a'r ysbryd, y cymalau a'r mêr' ac yn 'barnu bwriadau a meddyliau'r galon' (4.12).

Y mae'r cyfeiriad at Dduw yn cuddio'r proffwyd fel saeth mewn cawell yn awgrymu iddo ei gadw'n ddiogel hyd nes y daeth yr amser iddo lefaru, ac y mae'r sôn sydd yn adnodau cyntaf y gân hon am guddio a diogelu, galw a rhoi'r gallu i lefaru yn awgrymu mai unigolyn nid grwp neu gymdeithas o bobl yw'r 'gwas' y cyfeirir ato. Eto'i gyd, yn yr adnod nesaf enwir y Gwas fel 'Israel' a mynnir y bydd Duw yn cael ei ogoneddu ynddo. Ai'r genedl felly yw'r Gwas wedi'r cwbl? Y genedl a fydd yn y man wrth iddi ddychwelyd o Fabilon yn dwyn gogoniant i Dduw. Dyna'n sicr a awgrymir o gymryd y bumed adnod fel ag y mae, ond mynnodd rhai esbonwyr, er hynny, mai ychwanegiad diweddarach yw'r gair 'Israel' sydd ynddi, ac awgrymodd rhai hefyd mai fel enw ar unigolyn yn hytrach na grwp o bobl y caiff 'Israel' ei ddefnyddio yma. Yn sicr, os cenedl Israel yw'r Gwas, y mae'n anodd esbonio sut yn y byd y gall gyflawni'r gwaith o 'adfer Jacob' a 'chaslgu Israel' at yr Arglwydd. Eto'i gyd, aeth un esboniwr i'r afael â'r anhawster hwn drwy ddal mai cenhadaeth y wir Israel i'r genedl gyfan, cenhadaeth y gweddill ffyddlon i'r lleill a fu'n esgeluso Duw a'i ddeddfau, oedd ym meddwl y proffwyd yma.

Ond pwy bynnag oedd y Gwas, ai unigolyn ai'r Genedl neu ryw gyfran ohoni, profiad alaethus o fethiant a'i nodweddai wrth iddo ystyried dechreuadau ei yrfa. Ni lwyddodd i adfer y genedl i'r Arglwydd ac y mae ei sôn amdano'i hun yn treulio ei nerth yn ofer, nid yn unig yn ein hatgoffa o gwyn llu mawr o broffwydi Israel gynt, ond o gwyn llu mawr o Gristnogion ar hyd y canrifoedd a deimlodd i'r byw oddi wrth eu methiant i gyhoeddi gair Duw yn effeithiol. Eto'i gyd, fe'n hatgoffir gan y Gwas nad yr un bob amser yw barn Duw a barn dynion, oherwydd, er i'w fethiant fod yn ei olwg ei hun yn drychineb, rhaid fod Duw wedi gweld gwerth ac arwyddocâd yn ei ymdrech, canys rhoddodd iddo waith ehangach, a'i orchymyn i fod yn oleuni i'r cenhedloedd, a pheri ymestyn ffiniau iachawdwriaeth hyd eithafoedd y ddaear.

Dyma waith newydd felly, ar gyfer y sawl a lethwyd gan ymdeimlad o fethiant ond a gredodd er hynny fod Duw yn derbyn ei ymdrechion. Ni fu diffyg llwyddiant, er mor chwerw ydoedd, yn fodd i ddinistrio ei berthynas â Duw, ac yn ôl un esboniwr y mae ym mharhad y gwaith awgrym, nid yn unig o gyfraniad y person unigol neu'r genedl, ond o bwysigrwydd y swydd broffwydol a'r traddodiad o gyhoeddi gair yr Arglwydd. Ac o ystyried y traddodiad neu'r weinidogaeth honno, nid oes raid ofni newid ychwaith. At Israel yr anelwyd y genadwri broffwydol ddoe a bu i bob golwg yn fethiant, ond nid yw hynny'n esgus digonol dros beidio â chyhoeddi yr un genadwri i'r cenhedloedd heddiw, a phwy a wyr na cheir llwyddiant. Chwedl Elfed mewn oes ddiweddarach:

Mae'r Iesu eto'n fyw,
A'r gwaith sydd dan ei law,
Ar gyfer gweithwyr Duw
Mae bendith oesau ddaw:
Llawenydd mawr ynghyd a gawn
Ryw ddydd, wrth weld y ty yn llawn.

Fel gyda'r gyntaf o Ganeuon y Gwas, awgrymodd rhai esbonwyr mai ychwanegiad oes ddiweddarach yw'r hyn a geir ar ddiwedd y gân hon hithau. Darlun o Israel a fu dan ormes a gwawd yn cael ei hadfer sydd yma, gyda brenhinoedd a thywsogion yn dod i dalu gwrogaeth iddi. Diau fod y fath ddarlun yn gweddu i'r dim i'r syniad o'r genedl yn dychwelyd o'r gaethglud gan wneud gogoniant Duw yn amlwg drwy hynny, ond ni ellir gwerthfawrogi rhyfeddod y darlun hwnnw ychwaith heb sylweddoli pa mor agos oedd y cysylltiad rhwng dioddefaint a gwaradwydd yn Israel gynt. O gofio hynny y rhyfeddod mawr yw, nid fod y genedl yn cael rhyddid i ddychwelyd adref o Fabilon, ond ei bod ar ei dychweliad yn cael parch o gwrogaeth y rhai a fu yn elynion iddi.

Trafodwch

1. Beth yw galwad? A oes gan Dduw gynlluniau ar ein cyfer a ninnau heb sylweddoli hynny?

2. Rhaid wrth ffydd i ddyfalbarhau yn wyneb methiant.

3. A ydym ninnau fel yr Israeliaid gynt yn rhy barod i gysylltu dioddefaint â chywilydd?

Gwers 7: DIODDEF WRTH DYSTIO (50.4-9)

Gwedd broffwydol sydd i'r gân hon fel i'r un a'i rhagflaenodd, a'r Gwas ei hun sy'n traethu eto. Bellach, fodd bynnag, nid yw mor hawdd cysoni'r hyn a ddywedir â'r syniad mai'r genedl gyfan neu gyfran ohoni yw'r Gwas, ac ymddengys fod gweledigaeth yr awdur wedi culhau cymaint nes ei fod yn gweld gwireddu cenhadaeth y genedl mewn unigolyn.

O ran ei ffurf lluniwyd y gân ar batrwm traddodiadol y salm alarnad sy'n troi'n salm hyder. Eto, nid lleịsio cwyn syml oherwydd anawsterau neu galedi a wneir yma, ond datgan fod swydd neu dasg arbennig wedi golygu dioddef. Fel proffwydi eraill o'i flaen, cyfryngwr yw'r Gwas yntau, yn sefyll rhwng Duw a'r bobl, ac y mae tebygrwydd rhwng yr hyn a ddywedir ganddo ef a'r hyn a fynegwyd gan Jeremeia. Fel y proffwyd hwnnw, y mae'r Gwas hwn hefyd yn sôn am ei alwad a'i ofid a'i brofiad, ac awgrymodd ambell esboniwr fod ymsonau neu gyffesion Jeremeia yn hysbys i awdur y gân hon. Dywed y Gwas na all glywed heb i Dduw agor ei glustiau, na llefaru heb i Dduw roi neges iddo. Llefara'n benodol wrth bobl arbennig, a hynny gyda'r bwriad o'u cynnal gan eu bod wedi diffygio. Yn wir, fel proffwyd canolbwyntiodd ei sylw'n llwyr ar Dduw, ac nid oedd ganddo ef ei hun reolaeth o gwbl dros yr hyn a glywai ac a gyhoeddai. Dyma, mewn gair, ddarlun cywir o broffwydoliaeth yn Israel fel y cafodd ei darlunio gan broffwydi'r wythfed ganrif cyn Crist, ac y mae'r Gwas hwn yn sicr ei fod yn llinach y proffwydi hynny.

O gael ei alw ni fu i'r Gwas gilio ac anufuddhau er gwaethaf y gwrthwynebiad ffyrnig a gafodd. Efallai mai cyfeiriad at yr hyn a ddigwyddai'n gyffredin i garcharorion yn llysoedd barn yr Iddew yw'r sôn am boeri a thynnu blew'r farf a churo. Poeri, fe ellir tybio, oedd y ffordd arferol o fychanu carcharorion (gw. Num. 12.14, Deut. 25.9, Math 26.67), a phan ddygwyd dynion a gyhuddwyd o briodi merched estron o flaen Nehemeia, bu iddo ef dynnu eu blew a'u curo (Neh. 13.25). Ond er gwaethaf y fath driniaeth erwin ni fu i'r Gwas gilio oddi wrth ei waith. Derbyniodd y cyfan fel rhan o'i dasg, a bron nad oedd wrth wneud hynny yn cydnabod hawl ei wrthwynebwyr i'w gamdrin a'i guro. Diau y byddai'r cyfan wedi bod yn ormod iddo, onibai ei fod yn credu mai dyna ewyllys Duw ar ei gyfer. Y gred honno a'i cynhaliodd, ac a barodd iddo allu edrych yn hyderus yn wyneb ei elynion, heb ofni am funud y byddai Duw yn caniatau i neb ei gywilyddio.

Canlyniad y fath agwedd yw fod y Gwas, er gwaethaf y gwaradwydd a bentyrrir arno, yn teimlo'n ddigon hyderus i herio ei wrthwynebwyr. Fel Paul yn yr adran enwog honno o'r Llythyr at y Rhufeiniaid (8. 31-39), y mae'n gwahodd ei elynion i'r llys gan wybod na lwydda'r un ohonynt i'w gyhuddo a'i gondemnio, a hynny am fod Duw wrth law i'w gynorthwyo.

Nodwedd amlyca'r Gwas yn awr yw ei ffydd ddiysgog, a'r sicrwydd pendant a ddaw iddo yn sgil hynny. Nid yw'n poeni am a ddywed dynion, ac y mae ei agwedd yn ein hatgoffa o agwedd pererin John Bunyan:

Does allu yn un man
I ladd ei ysbryd,
Fe wyr y daw i'w ran
Dragwyddol fywyd.
Diysgog yw ei ffydd,
A rhag pob ofn yn rhydd
Ymlaen 'r â nos a dydd
Fel gwir bererin.

Yr hyn sy'n bwysig iddo yw'r gynhaliaeth a dderbyn gan Dduw, a dywed fod pob condemniad a gwrthwynebiad dynol mor ddi-sylwedd a darfodedig â dilledyn â ysir gan wyfyn. Darfod a wnânt, ac yn yr awgrym o'r diflaniad y mae awgrym hefyd o sylwedd a pharhâd y dwyfol. Meddai'r Salmydd, gan ddefnyddio'r un ddelwedd o ddillad brau:

Gynt fe osodaist sylfeinir'r ddaear,
a gwaith dy ddwylo yw'r nefoedd.
Y maent hwy yn darfod, ond ti yn aros;

y maent i gyd yn treulio fel dilledyn.
Yr wyt yn eu newid fel gwisg,
ac y maent yn diflannu;
ond yr wyt ti yr un,
a'th flynyddoedd heb ddiwedd. (102. 25-27)

Trafodwch

1. *Rho glust i glywed neges*
   Dy fywyd di dy hun.

2. Pwy heddiw sy'n dioddef o achos ei ffydd?

3. Sut tybed, y mae Duw yn cynnal ei bobl yng ngwydd eu gelynion?

Gwers 8: Y GWAS DIODDEFUS (52.13-53.12)

Dyma'r fwyaf cyfarwydd o Ganeuon y Gwas, a'r fwyaf anodd ei hesbonio hefyd. Oherwydd ei chysylltiad hir â'r Arglwydd Iesu Grist ac athrawiaeth yr Iawn, deuwn ati gyda llu mawr o ragdybiaethau, nad ydynt efallai yn addas ar gyfer y gwaith o'i hesbonio, a gwelwn ynddi weithiau syniadau nad oeddynt yn perthyn iddi'n wreiddiol.

Dechreua'r gân nid ar ddechrau pennod 53 ond yn y drydedd adnod ar ddeg o'r bennod flaenorol. Yno y mae Duw, er syndod i lawer, meddir, yn cyhoeddi y bydd ei was yn llwyddo. Yna ar ddechrau pennod 53 hyd hanner cyntaf y drydedd adnod ar ddeg ceir rhywrai yn adrodd hanes y Gwas a'r cyfan y bu'n rhaid iddo'i ddioddef. Dyma'r rhai a fu yn ei ddirmygu ac yn troi ei hwynebau oddi wrtho, ond bellach cawsant eu hargyhoeddi o'r hyn na fu i neb ohonynt ei ddychmygu, sef bod 'braich yr Arglwydd', grym a gallu Duw, wedi ei ddatguddio yn y Gwas a brofodd y cyfryw ddioddefaint. Cadarnheir y dehongliad hwn o fywyd y Gwas gan Dduw ei hun ar ddiwedd y gân (adn. 11a-12). Dywed yntau, fel y tystion, i'r gwas gael ei adfer i fywyd llawn, a hynny, meddai, am iddo ag yntau'n ddieuog, 'dywallt ei fywyd i fawrolaeth, a chael ei gyfrif gyda throseddwyr, a dwyn pechodau llaweroedd ac eiriol dros y troseddwyr'.

Y mae rhai esbonwyr wedi gweld yn y Gân hon batrwm sy'n cyd-daro'n union â'r hyn a geir yn nehongliadau'r Eglwys o fywyd Crist, megis yng Nghredo'r Apostolion. Fel Iesu ganwyd y Gwas, dioddefodd, bu farw, claddwyd ef ac yna atgyfododd. Dyna'n syml gynnwys y Gân, meddir, a'r hyn a gawn yma yw un yn dioddef ac yn marw'n ddirpwyol - marw a dioddef er ei fod yn ddiniwed ac yn ddi-euog, a hynny dros neu yn lle eraill a oedd, oherwydd eu pechodau, yn haeddu dioddef a marw.

Y mae'r fath ddehongliad yn sawru'n ormodol o'r meddylfryd Cristnogol, a bu amryw o ysgolheigion yn amharod i'w dderbyn. Yn eu barn hwy y mae astudiaeth fanwl o'r gân a chymhariaeth ofalus ohoni â darnau eraill o'r Hen Destament yn dangos na ddywedir o gwbl ynddi fod y Gwas wedi marw. Yn hytrach bu ei ddioddefiadau gyfryw fel ag i beri ei fod megis yn farw. Ni ddywedir ychwaith iddo gael ei atgyfodi, darlun gawn ynddi yn hytrach o Dduw yn ei adfer, ac y mae hwnnw yn ddarlun Iddewig traddodiadol. Ni cheid yn Israel yn y chweched ganrif cyn Crist unrhyw gred yn yr atgyfodiad ac o'r herwydd ni ddylid tybio bod cyfeiriad at atgyfodiad yn y gân hon.

Yn awr, fe fyddai arddelwyr y dehongliad mwy traddodiadol o'r gân yn cytuno mai'r hyn a geir ynddi yw disgrifiad Iddewig traddodiadol o ddioddefaint ac adferiad. Fel Job gynt, y mae'r Gwas yntau yn dioddef afiechyd; cymaint felly fel bod ei gyd-wladwyr yn troi i ffwrdd rhag edrych arno. Yn ei ieuenctid ymddangosai fel un wedi ei nychfagu, neu chwedl pobl Llyn, fel un wedi tyfu dan y gwely. Ni pherthynai iddo'r prydferthwch a oedd yn nodweddiadol o fendith canys dioddefodd ddirmyg a gwaradwydd, erledigaeth a thrais. Awgrymir hefyd iddo gael ei ddwyn i lys barn, ac nad oedd neb yn malio amdano. Lladdwyd ef mewn modd treisgar a chladdwyd ef mewn cywilydd.

Ond 'yr Arglwydd a fynnai ei ddryllio a gwneud iddo ddioddef', hynny yw yr oedd Duw yn ochri gydag ef yn ei ddioddefaint; a thu hwnt i angau fe'i hadferwyd. Eto'i gyd, y mae'n amlwg mai darlun traddodiadol Iddewig o adferiad, lle mae'r sawl a ddioddefodd yn cael mwynhau bywyd llawn a gweld ei blant yn tyfu, a geir yn y gân. Nid yw'n addas o gwbl i ddisgrifio'r hyn a allai fod wedi digwydd y tu hwnt i angau, a rhaid dal unai nad oedd awdur y gân yn abl i ddisgrifo mewn termau amgenach yr hyn a ddigwyddodd y tu hwnt i'r bedd; neu na fu i'r Gwas farw o gwbl ac mai profi adferiad i fywyd llawn yr ochr yma i angau a wnaeth.

Os felly, ac os yr honnir na fu i'r Gwas farw, rhaid ail-ystyried yr honiad iddo ddioddef a marw'n ddirprwyol dros eraill. Y cwbl y gellir ei ddweud wedyn yw iddo rannu dioddefaint ei gyfoeswyr, a hynny yn y fath fodd fel ag i ddylanwadu'n drwm arnynt. Yn sicr y mae yma, o safbwynt yr Hen Destament, agwedd chwyldroadol newydd tuag at ddioddefaint, oherwydd er bod yr agwedd yma'n aneglur ac anelwig y mae'n amlwg nad yw'n gwbl negyddol, ac nad yw'r Gwas yn protestio yn erbyn y rheidrwydd arno i ddioddef, ond yn hytrach yn derbyn hynny fel rhan o'i dasg ac nid canlyniad iddi. Y mae'r fath ddioddef, er nad yw'n ddioddef dros arall, yn weithred effeithiol, a gellir cymharu hyn â dewrder a dyfalbarhad wyneb yn wyneb ag afiechyd ac angau sydd o hyd yn gallu cael dylanwad dyrchafol ar y sawl a fo'n dyst o hynny.

Trafodwch

1. A oes rhinwedd mewn dioddef neu a all gwerth ddeillio o ddioddefaint?

2. Awgrymir gan rai ysgolheigion na fu i Iesu ei ystyried ei hun o gwbl fel Gwas Dioddefus ac mai Origen a'i cysylltodd â'r darlun hwnnw. Tybed a'i cam yntau cymwynas oedd gwaith Origen yn gwneud hynny?

3. Pa mor beryglus yw gweld yn nhestun y Beibl bethau nad ydynt ynddo?

TACHWEDD: MYFI YW DUW: YR UNIG DDUW A'I OFAL

Gwers 9: GOFAL DUW (44.1-5)

Gyda'r geiriau 'Yn awr gwrando' y mae'r Ail Eseia'n cyfeirio sylw alltudion Babilon at rywbeth newydd. Bu'r genedl yn anffyddlon i Dduw yn y gorffennol, a chafodd ei chosbi am hynny, ond bellach maddeuodd Duw iddi, a chefndir yr adran hon yw'r hyn a ddywedir yn y bennod flaenorol: 'Myfi, myfi yw Duw, sy'n dileu dy anwiredd er fy mwyn fy hun, heb alw i gof dy bechodau.' (adn. 25)

Ail gynnig a dechrau newydd sydd yma felly; ond tra'n pwysleisio hynny y mae'r proffwyd am sicrhau Israel iddi gael ei dewis gan Dduw ar y cychwyn. Gwir mai yn yr Aifft a thrwy'r exodus y daeth y genedl i adnabod yr Arglwydd fel y cyfryw, ond y mae'n nodweddiadol o'r Ail Eseia ei fod am osod etholedigaeth Israel ar sylfaen gadarnach hyd yn oed na'r waredigaeth honno. Bwriad Duw wrth greu'r genedl oedd ei defnyddio; ac y mae geiriau'r proffwyd yn ein hatgoffa o alwad Jeremeia; 'Cyn i mi dy lunio yn y groth fe'th adnabûm; a chyn dy eni fe'th gysegrais; rhoddais di'n broffwyd i'r cenhedloedd.' (Jer.1.5)

Yn awr fe gymhwysir yr un syniad at genedl gyfan, a gwarant y fath honiad, fe ellir tybio, yw y bydd yr Arglwydd eto'n cynorthwyo Israel. Ac i'r Iddew golygai'r cymorth hwn fwy na help llaw achlysurol, gan fod i'r gair yn yr Hen Destament arlliw o'r syniad o gymorth mewn brwydr. Un a fydd yn achub ei bobl yw Duw yn ôl y proffwyd, ac y maent hwy yn gyfan gwbl ddibynnol arno ef.

Y mae'r anogaeth i genedl Israel beidio ag ofni eto yn awgrym fod dyfodol llewyrchus iddi. Gwelodd rhai esbonwyr, fodd bynnag, wrthgyferbyniad rhwng y ddau enw a ddefnyddia'r proffwyd i ddynodi'r genedl gyfan. Un o hynafiaid y genedl oedd 'Jacob' a bu yn ei ieuenctid yn gymeriad digon tywyllodrus a hunanol, ond y mae'n debyg fod yr enw Jesurun yn perthyn i'r gair 'unionsyth' mewn Hebraeg, ac awgrymodd rhai mai enw a luniwyd gan yr Ail Eseia ei hun ydoedd. Prin iawn yw'r enghreifftiau ohono yn yr Hen Destament (gw. Deut. 32.15; 33.5,26) ond os gwir y dyfalu am ei darddiad, fe'i defnyddir yn ddeheuig iawn yma i danlinellu'r newid a ddaeth dros y genedl.

Adlewyrchu newid wna'r ddelwedd o ddŵr yn llifo dros dir sych hefyd, ac nid oes raid amau nad Israel oedd y sychdir y byddai'r Arglwydd yn ei ddyfrhau. Addewid ar gyfer y cenedlaethau oedd i ddod yn hytrach na chenhedlaeth y gaethglud ym Mabilon sydd yma, fodd bynnag, ac fe geir syniad o'r hyn a olygai'r Hen Destament wrth fendith o ddarllen Deut. 28.2-6. Y tu ôl i'r cyfan safai'r cyfamod wnaed gynt ag Abraham; 'Gwnaf di yn genedl fawr a bendithiaf di; mawrygaf dy enw a byddi'n fendith. Bendithiaf y rhai sy'n dy fendithio a melltithiaf y rhai sy'n dy felltithio, ac ynot ti bendithir holl dylwythau'r ddaear.' (Gen.12.2-3)

Yn ôl yr Ail Eseia hefyd fe fyddai'r fendith yn ymestyn y tu hwnt i ffiniau'r genedl, ac er y gellir ystyried y ddelwedd o laswellt yn tyfu, a choed helyg yn tarddu yn ymyl dŵr rhedegog, fel cyfeiriad at lewyrch Israel yn y dyfodol, y mae'r hyn sy'n dilyn yn siwr o fod yn gyfeiriad at estroniaid yn troi i addoli Duw Israel. Nid bod yr Ail Eseia'n disgwyl i Babilon a'r cenhedloedd o gwmpas fwrw heibio eu heilunod dros nos. Edrych ymlaen at ddyfodol gwell a lle amlwg i Israel ymhlith cenhedloedd daear wedi i'r alltudion ddychwelyd i Ganaan a wna'r proffwyd. A sylwer mai unigolion fydd yn troi at yr Arglwydd y pryd hynny, a gellir tybio fod yma danlinellu lle a phwysigrwydd ymlyniad personol yng nghrefydd Israel. Dymuno dod yn rhan o deulu'r ffydd a chynulleidfa'r addolwyr wna'r rhai fydd yn arddel perthynas â'r Arglwydd ac ym mabwysiadau enw Jacob, a cheir yr awgrym na ellir addoli Duw Israel ond drwy droi at y genedl Iddewig. Arwydd pendant o hynny fyddai i rai arwyddo'u hunain fel 'Eiddo'r Arglwydd', neu o bosibl golyga hyn y byddent yn torri enw Duw ar eu dwylo fel y byddai caethwas yn torri enw'i feistr ar ei law, neu fel y ceid y geiriau 'eiddo'r brenin' ar glust jwg neu gwpan yng nghyfnod y frenhiniaeth. Yn sicr nid rhywbeth ysbrydol y gellid ei arddel heb gyswllt o gwbl â'r byd oedd crefydd yr Iddew, ac fe ddylid cofio fod yr enw dwyfol yn dwyn grym ac arbenigrwydd neilltuol. Yr oedd yn crynhoi hanfod meddwl yr Hen Destament yn yr un modd ag y mae enw Iesu yn crynhoi hanfod y ffydd Gristnogol. Nid oes ond eisiau dwyn i gof yr hyn a ddywed yr Apostol Paul wrth y Philipiaid i ganfod y grym oedd mewn enw drwy gydol cyfnod y Beibl; 'Am hynny tra-dyrchafodd Duw ef, a rhoi iddo'r enw sydd goruwch pob enw, fel wrth enw Iesu y plygai pob glin yn y nef ac ar y ddaear a than y ddaear, ac y cyffesai pob tafod fod Iesu Grist yn Arglwydd, er gogoniant Duw Dad.' (2.9-11)

Gweledigaeth o ymdynghediad ac o ymrwymiad oedd gweledigaeth yr Ail Eseia o'r dyfodol felly. Ond er bod y weledigaeth honno'n cynnwys dyrchafu bri Israel, cenedl etholedig yr Arglwydd, nid math o genedlaetholdeb cul oedd gan y proffwyd mewn golwg, gan mai cyfrwng fyddai Israel i ddwyn llywodraeth a bendith Duw i genhedloedd daear.

Trafodwch

1. A gredwch fod Duw yn dewis pobl arbennig i wneud ei waith?

2. Pa mor bwysig i'r Cristion yw argyhoeddiad personol?

3. A oes gan genedl megis cenedl y Cymru gyfraniad Cristnogol unigryw i'w wneud i hanes y ffydd?

Gwers 10: BUGAIL A BRENIN (40.9-11)

Cyfarch Jerwsalem a wneir yn awr a dywedir wrthi am gyhoeddi neges o gysur i weddill dinasoedd Jwda. Teimlodd rhai esbonwyr fod galw ar ddinas i ddringo i ben bryn uchel fel y gallai pawb ei gweld, a gweiddi nes bod pawb yn ei chlywed, yn hollol ddi-synnwyr; ond manteisio ar ryddid y bardd i fynegi ei hun y mae'r Ail Eseia, a gellir cymryd 'Seion' i olygu nid dinas Jerwsalem yn unig eithr y genedl gyfan. Rhaid cyhoeddi dyfodiad Duw yw'r gorchymyn a ddaw i Israel ac y mae'r gorchymyn hwnnw mor bwysig ynddo'i hun fel na thrafferthir crybwyll pwy yn union a'i llefara.

Er bod y Beibl Cymraeg Newydd yn cyfeirio at Seion fel un 'sy'n cyhoeddi neges', ac at Jerwsalem hefyd yn yr un modd, fe wyr y cyfarwydd mai 'yr efengyles Seion' a'r 'efengyles Jerwsalem' a geid yn yr hen gyfieithiad, a dichon fod hynny'n nes at naws y gwreiddiol, gan mai un sy'n cyhoeddi newyddion da yw ystyr yr Hebraeg yma. Y newydd da oedd fod Duw eisoes wedi gwaredu ei bobl, ond go brin fod yr Ail Eseia eisoes yn gweld â'i lygiad ei hun yr alltudion yn dychwelyd i Ganaan. Na, rhagdybio hynny'n digwydd a wnâi, ond y mae'r anogaeth i'r bobl yn anogaeth i lawenhau a moli Duw fel petai'r waredigaeth eisoes yn ffaith. Dyma mewn gwirionedd ystyr derbyn yr addewid, sef gorfoleddu cyn i'r peth ddigwydd a hynny am fod Duw wedi ei addo. Go brin y gellid cael mwy o ffydd yng ngweithgarwch yr Arglwydd na hynny, ac y mae'n ddiddorol sylwi mai dyna fu agwedd yr Iddewon erioed at yr addewidion hyn. Hyd yn oed wedi diwedd y gaethglud a'r dychweliad i Ganaan ni chredasant fod yr addewidion wedi eu dihysbyddu. Efallai mai'r ffaith na fu'r cyflawni mor rhyfeddol â'r hyn a ragdybiwyd a fu'n rhannol gyfrifol am hynny, ond y mae'n fwy na thebyg hefyd i rwyrai gadw'r addewidion yn fyw, heb ystyried eu bod wedi eu cyflawni'n llwyr, a hynny fel rhybudd i bob cenhedlaeth ddilynol y ceir gobaith y tu draw i bob trychineb. I'r Iddew Duw yr addewidion yw'r Arglwydd o hyd ac fe'i molir fel petai eisoes wedi cyflawni yr hyn a addawyd ganddo.

Yn dilyn y gorchymyn i gyhoeddi neges a datgan dyfodiad Duw, ceir disgrifiad o'i ddyfodiad fel bugail a brenin a diau fod hwn eto wedi ei wreiddio yn yr hen draddodiad Iddewig o ganmol y Duw a brysurai i achub ei bobl o bob cyfyngder. Daw mewn nerth a grym, ac y mae'r syniad ohono'n rheoli â'i fraich yn un cyffredin yn yr Hen Destament, gan mai fel offeryn gwaredigaeth yr ystyrid braich yr Arglwydd. Eto'i gyd y mae'r fraich a godir mewn buddugoliaeth yn cael ei gostwng hefyd i gyflawni gweithredoedd o drugaredd, a cheir cyfuniad rhyfedd o nerth a thynerwch, concwest a gofal yn narlun yr Ail Eseia o Dduw.

I ni y mae'r darluniau o frenin a bugail yn ddau ddarlun cwbl wahanol i'w gilydd, ond y mae'n rhaid cofio nad oedd y ddau gymeriad mor ddi-gyswllt â hynny yng ngolwg yr Iddew. Yn wir disgrifid y brenin weithiau fel bugail ei bobl, a nodweddid brenhiniaeth Duw a'r teyrn daearol gan y nerth i reoli ac amddiffyn yn ogystal â'r gallu i ofalu a chofleidio. Y mae yn y Beibl sawl darlun o'r bugail (gw. Salm 23, Eseciel 34, Ioan 10), ac nid yw'n syndod i'r ddelwedd gael ei chymhwyso i ddisgrifio gwendid a diffygion arweinwyr cymdeithas. Meddai Eseciel â'i ffrewyll yn drwm ar arweinwyr ei gyfnod; 'Gwae fugeiliaid Israel nad ydynt yn gofalu ond amdanynt eu hunain!Oni ddylai'r bugeiliaid ofalu am y praidd? Yr ydych yn bwyta'r braster, yn gwisgo'r gwlân, yn lladd y pasgedig, ond nid ydych yn gofalu am y praidd. Nid ydych wedi cryfhau'r ddafad wan na gwella'r glaf na rhwymo'r ddolurus; ni ddaethoch â'r grwydriedig yn ôl, na chwilio am y golledig; buoch yn eu rheoli'n galed ac yn greulon.' (Eseciel 34.2-4)

Mor wahanol yw darlun yr Ail Eseia o fugeiliaeth Duw. Yr oedd ef yn bwydo'i braidd, ac yn eu casglu at ei gilydd. Cludai'r wyn a oedd yn rhy wan i'w ganlyn yn ei freichiau, a chymerai bob gofal o'r defaid a oedd ar fin rhoi genedigaeth. Cefndir y fath ddisgrifiad yn ddiau oedd y gwyn fod Duw wedi gadael ei bobl a'u anghofio yn y gaethglud. Ond nid dyna'r gwir, meddai'r proffwyd, ac y mae rhai esbonwyr wedi awgrymu mai'r wobr neu'r tâl a ddwg y bugail-frenin gydag ef, oedd nid ysbail rhyfel yn rhodd i'r caethion fel y credwyd yn gyffredin, ond y mwynhad o weld ei bobl yn dychwelyd adref. Dyna'r rhyfeddod, a dyna paham nad oedd yn rhaid i Seion ofni cyhoeddi'r newydd da am ei dyfodol.

Trafodwch.

1. Os mai cyhoeddi gwaredigaeth i'r caethion oedd cynnwys yr efengyl a roddwyd i Seion beth yw'r newyddion da a roddwyd i ni?

2. A oes gan y rhai sy'n cadw trefn gyfrifoldeb hefyd i ofalu am y gwan a'r diymgeledd?

3. A ydym ni'n rhy ofnus i edrych ymlaen? Beth a'n gwna ni'n fwy gobeithiol?

Gwers 11: NEGES O GYSUR (40.1-8)

Dyma, mae'n debyg, eiriau cyntaf proffwydoliaeth yr Ail Eseia, ac yn union syth fe gawn ein taflu i'r dwfn heb yr un gair o eglurhad na chyflwyniad. Trewir nod amgen yr holl broffwydolieth â'r gorchymyn dwyfol i gysuro pobl Israel, ac y mae brys a phwysigrwydd y gwaith hwnnw'n cael ei bwysleisio drwy i'r gorchymyn gael ei ail-adrodd. Y mae'r fath daerineb, yn ddiau, yn nodwedd gyffredin yng ngwaith y proffwyd, ond er gwaethaf hynny, sylwodd sawl esboniwr mai hwyrfrydig iawn yw ef ei hun i ddod i'r golwg. Cuddio y tu ôl i'r neges a gafodd i'w chyflwyno a wna, a hynny oherwydd ei argyhoeddiad fod y neges yn bwysicach o lawer na'r negesydd.

Y rheswm dros frys a thaerineb yr alwad i gysuro'r Iddewon yn y gaethglud oedd fod eu sefyllfa wedi newid. Cludwyd y genedl gynt i Fabilon fel cosb am ei hanufudd-dod i'r Arglwydd, ond bellach yr oedd cyfnod y cosbi drosodd. Fel milwr a ddaeth i derfyn tymor o wasanaeth gorfodol yn y fyddin, felly daethai Israel i ddiwedd tymor ei chaethiwed, ac y mae'r Ail Eseia'n tanlinellu amgylchiadau anodd y caethiwed hwnnw drwy ddweud i'r genedl dderbyn cosb ddwbl am ei hanufudd-dod.

Yn y fath sefyllfa, â'r gaethglud wedi llusgo ymlaen cyhyd, fe ellid tybio mai geiriau gwag fyddai geiriau cysurlon a sylfaenwyd ar y fath honiad anelwig. Onid oedd pobl Israel yn dal mewn caethiwed? Diau na fyddai cenadwri'r proffwyd wedi cael croeso pe na byddai wedi ei gwregysu â gorchymyn arall i baratoi ar gyfer yr ymadawiad.

Nid yw'n amlwg pwy sy'n gorchymyn paratoi ffordd drwy'r anialwch ar gyfer Duw Israel. Os yn clustfeinio ar ymgom rhwng Duw a'r llu nefol y bu'r proffwyd ar ddechrau'r bennod hon, yna fe all mai un o'r llu hwnnw sy'n gorchymyn paratoi'r ffordd. Ond eto y gwir, fel y nodwyd yn gynharach, yw fod y neges yn bwysicach na'r negesydd. Yr oedd i briffyrdd ar gyfer duwiau a brenhinoedd le pwysig yn niwylliant yr hen fyd, a diau i'r caethion ddod yn ymwybodol iawn o hynny ym Mabilon lle defnyddid delwedd y ffordd frenhinol yn yr emynau i'r duwiau paganaidd a lle y dangosodd archaeolegwyr yr adeiladwyd priffyrdd rhwysgfawr ar gyfer gorymdeithiau brenhinol. Nid peth anghyffredin ychwaith fyddai i rwyrai symud y rhwystrau oddi ar y ffyrdd cyn dyfodiad gosgordd ryw frenin buddugoliaethus, ac y mae'n amlwg felly mai'r hyn a wna'r Ail Eseia drwy gydio yn nelwedd y ffordd, a sôn am baratoi ffordd i'r Arglwydd, yw herio'r diwylliant paganaidd. Eisoes yr oedd amryw o'r Israeliaid wedi troi at dduwiau estron, ac yr oeddynt wedi hen anobeithio am gael croesi'r anialwch a theithio'n ôl i wlad Canaan, ond cyhoedda'r Ail Eseia fod hynny bellach yn bosibl oherwydd i Dduw faddau i'w bobl. Diau fod yn ei feddwl atgof am draddodiadau'r exodus a'r modd y bu i'r Iddewon ffoi o'r Aifft, a chyda brys a phendantrwydd cyhoedda'r waredigaeth newydd a amlyga unwaith eto ogoniant yr Arglwydd. Er i'r Iddewon gredu i ogoniant yr Arglwydd ddiflannu o Jerwsalem gyda dinistr y deml fe'i gwelid eto'n dychwelyd, ond nid ar ffurf y delwau a'r eilunod a ddefnyddid i adlewyrchu gogoniant duwiau Babilon. Na, dychweliad y bobl ddewisedig i wlad yr addewid fyddai'n amlygu gogoniant Duw Israel; yr un y credodd y caethion iddo'u anghofio a'u gadael. Y mae'r sôn am 'holl blant dynion ynghyd yn ei weld', fodd bynnag, yn sawru o weledigaeth derfynol a berthyn i ddiwedd amser, ac onid oes yma wahoddiad i weld yn y cyffredin arwyddocâd tragwyddol?

Wedi'r gorchymyn i baratoi'r ffordd, daw'r gorchymyn eto gan gymeriad annelwig, i ddatgan neu bregethu efallai, oherwydd dyna sy'n cyfleu ystyr 'galw' yma. Ond prin fod y llefarydd wedi llefaru'r gair nad yw'r proffwyd ei hun yn ymateb iddo â gwaedd o ddigalondid sy'n ymylu ar banig. Nid yw'n gwybod beth i'w gyhoeddi, ac y mae'n syndod meddwl mai'r unig gipolwg a gawn o'r Ail Eseia drwy gydol ei broffwydoliaeth yw'r cipolwg hwn ohono mewn trallod. Y mae yntau hefyd yn yr un cyflwr yn union â'r bobl y gelwir arno i'w argyhoeddi; y mae'n ddigalon ac yn ddiobaith a di-weledigaeth; go brin fod yr un pregethwr arall yn yr Hen Destament yn uniaethu mor llwyr â'i gynulleidfa. Ei amgylchiadau ef yw eu hamgylchiadau hwy, a saif yn yr un perygl enbyd o fynd i ystyried popeth yn ddi-ystyr oherwydd ei safbwynt digalon.

A'r hyn sy'n fwy o syndod byth yw fod y sawl sy'n ei annog i bregethu, ar ryw olwg yn cytuno â'i ddadansoddiad o'r sefyllfa; 'Y mae'r glaswellt yn crino, a'r blodeuyn yn gwywo.' (adn. 8)

Nid oes modd dadlau â ffeithiau bywyd, ond nid dyna'r gwir i gyd. Wedi cydnabod pob rhwystr a chwyn a holl amgylchiadau anodd y gaethglud, rhaid oedd i Israel gydnabod rhywbeth arall hefyd;bod gair ein Duw ni yn sefyll hyd byth.

Do fe gollodd y genedl ei thir a'i rhyddid, ei theml a'r addoliad arbennig o Dduw a gysylltid â Jerwsalem, ond yr oedd yn ei meddiant o hyd air yr Arglwydd, ac yn awr daeth i hwn arwyddocâd newydd. Daeth yn ganllaw i ryddid ac yn sylfaen i obaith, ac y mae'r Ail Eseia heb yr un cynsail yn ei brofiad ei hun i'r genadwri a gafodd, yn cyhoeddi neges Duw yn eofn. Fel llawer ar ei ôl darganfyddodd yntau droedle ei ffydd yn y gair bywiol.

Trafodwch.

1. A ydym yn euog o fod â mwy o ddiddordeb yn y negesydd na'r neges?

2. A ydym fel Eseia gynt mewn perygl o gael ein llethu gan ein digalondid? Beth yw'r ateb i'r broblem hon heddiw?

3. *Gair i'r cadarn yn ei afiaith*
Gair i'r egwan dan ei bwn
Cafodd cenedlaethau daear
Olau ffydd yng ngeiriau hwn.

Gwers 12: DUW'N ARWAIN (45.1-7)

Disgrifio a chyfarch Cyrus, brenin buddugoliaethus ymerodraeth Persia a'r un a fyddai yn y man yn gorchfygu Babilon, a wneir yn yr adran hon. Amlinellir ei yrfa lwyddiannus a gofal Duw drosto, a dywedir yn bendant mai er mwyn Israel y defnyddiodd yr Arglwydd ef. Dyma felly gysylltu'r cysur y gorchmynwyd y proffwyd i'w gyhoeddi â digwyddiadau ac â pherson cyfoes. Ond nid brenin Israel mohono, nac un a addolai Dduw Israel, ond Cyrus brenin paganidd ymerodraeth estron.

Y mae'n sicr i'r cyfryw honiadau greu cynnwrf mawr ymysg yr Iddewon, oherwydd ni chlywyd dim tebyg gan yr un proffwyd o'r blaen. Am y tro cyntaf ers dyddiau sefydlu'r frenhiniaeth torrwyd y cysylltiad rhwng llinach y brenin Dafydd a gallu gwleidyddol, ac aeth Duw i ddefnyddio brenin paganaidd i ddwyn rhyddid i'w bobl. Nid eiddo Israel oedd yr oruchafiaeth wleidyddol bellach. Cafodd ei diosg o'i grym politicaidd ac yr oedd i bob golwg ar drugaredd brenin estron.

Os bu gwers mewn gwyleidd-dra erioed, hon ydoedd; ac y mae'r modd y mae'r Ail Eseia'n defnyddio ymadroddion a berthynai i seremoni gorseddu brenin yn Israel wrth ddisgrifio perthynas Duw â Cyrus yn tanlinellu pwysigrwydd Cyrus. Eto'i gyd, y mae'n deg nodi i Israel ei hun fenthyca amryw o nodweddion y gorseddu oddi wrth ei chymdogion, a chyfeiria llu o esbonwyr at silindr Cyrus, sef arysgrif ar silindr o glai yn dyddio o tua 538 C.C., sy'n debyg ryfeddol i'r adran hon o waith yr Ail Eseia.

Dywed yr arysgrif i Cyrus orchfygu Babilon heb dywallt gwaed, a hynny am i brif dduw Babilon, sef Marduc, ei ddewis i waredu'r Babiloniaid o law eu brenhinoedd anghyfiawn. Fel yr Ail Eseia dywed yr arysgrif hefyd i'r duw a'i defnyddiodd ganiatau i Cyrus ennill buddugoliaethau; ymlawenhaodd hefyd yn llwyddiant Cyrus a'i arwain gerfydd ei law a'i alw wrth ei enw. Ond er gwaethaf y tebygrwydd rhwng yr arysgrif ar silindr Cyrus a geiriau'r proffwyd, ni ellir credu fod yr Ail Eseia wedi benthyca'n uniongyrchol ddefnydd a gafodd mewn traddodiad estron, gan mai wedi concwest Babilon y lluniwyd yr arysgrif mae'n debyg. Yn hytrach tynnu ar yr un traddodiad, sef traddodiad gorseddu brenin, wnaeth y proffwyd a lluniwr yr arysgrif, ac fe ellir nodi pum peth ym mherthynas Duw â Cyrus sy'n tarddu'n uniongyrchol o seremoni gorseddu brenin.

Y mae Duw, meddir, wedi ei eneinio, gafael yn ei law, a'i alw wrth ei enw. Rhydd iddo gyfenw newydd llawn anrhydedd, a'i wregysu, sy'n dynodi ei arwisgo. Yn ogystal, y mae Duw yn cyfarch Cyrus, a cheir enghreifftiau o Dduw yn cyfarch y brenin hefyd yn y Salmau (gw. 2.7, 10). Dyma osod Cyrus felly ar dir uchel, ac nid yw'n syndod o gwbl ei fod yn cael comisiwn ac addewid. Ei waith fydd darostwng cenhedloedd, ac nid yn unig addewir iddo lwyddiant yn hynny o beth, ond dywedir hefyd y bydd Duw Israel yn cyd-gerdded ag ef. Caiff fuddugoliaethau a thrysorau, ond eto er bod Duw yn ei ddefnyddio pwysleisia'r Ail Eseia mai perthynas unochrog sydd rhyngddynt.

Nid yw Cyrus, meddir, yn adnabod yr Arglwydd; yn wir dywedir ddwy waith nad oedd yn ei adnabod, a'r awgrym yw na cheir byth berthynas barhaol rhyngddynt. Nid er mwyn codi bri a statws Persia ychwaith y caiff Cyrus lwyddiant ond er mwyn sicrhau rhyddid i Israel; ac nid ennill Cyrus a'i ddeiliaid i addoli Duw Israel oedd y nod, ond dangos i'r holl genhedloedd na cheid yr un duw arall. Braint Israel oedd tystiolaethu i'r Arglwydd, a thry'r Ail Eseia holl ragdybiaethau pobl y gaethglud wyneb i waered drwy honni y gallent eto wneud hynny heb adfer eu grym gwleidyddol. Dyma'r genedl a orchfygwyd ac a gaethgludwyd ac a alwyd i dystiolaethu i Dduw yn ei gwendid.

Daw'r adran i ben gyda honiadau sy'n unigryw yn yr Hen Destament ac sy'n pwysleisio undduwiaeth yn y fath fodd fel ag i wneud Duw yn awdur goleuni a thywyllwch, daioni a drygioni. Ceisiodd rhai esbonwyr osgoi oblygiadau'r fath honiad drwy faentumio mai'r hyn oedd ym meddwl y proffwyd oedd fod gorchmynion Duw yn dwyn bendith i'r rhai a oedd yn ufuddhau iddynt a melltith i'r rhai a oedd yn eu hanwybyddu. Ond nid yw'r fath esboniad yn ddim mwy na gosod ar yr adnod ystyr nad yw ynddi. Digon dweud fod mawredd Duw yn fwy na gallu'r proffwyd i'w fynegi.

Trafodwch

1. A oes gan genhedloedd yn ogystal ag unigolion gyfrifoldeb wrth gyhoeddi neges yr Arglwydd.

2. A oes rhaid bod yn llwyddiannus a llewyrchus cyn y gellir gwasanaethu Duw?

3. 'Digon i ti fy ngras i, perffeithias fy nerth mewn gwendid.'

RHAGFYR: GWAHODDIAD

Gwers 13: GWAHODDIAD I WLEDD A GORCHYMYN I EDIFARHAU A BOD YN LLAWEN (55.1-13)

Dyma'r bennod sy'n cloi proffwydoliaeth yr Ail Eseia, ac o'r herwydd fe geir ynddi fel y gellid disgwyl, grynodeb o amryw o'r pethau a fynegwyd ganddo eisoes. Yr anogaeth eto yw i lawenhau a derbyn iachawdwriaeth Duw. Nod y proffwyd yma fel o'r blaen yw dwyn cysur i'w bobl. Daeth yr amser i Dduw faddau, a chaiff yr alltudion ddychwelyd i'w gwlad yn swn gorfoledd byd natur. Mynegir y cyfan mewn arddull loyw ac iaith aruchel, ac nid yw'n syndod yn y byd i'r Parchg Richard Jones o'r Wern gorffori adnodau cynta'r bennod mewn emyn a datgan:

Mae'r wledd yn barod, O! bwytewch,
A llawenhewch yn Seion;
Tragwyddol hedd i blant y llwch;
O! profwch ei bendithion.

Yn ôl rhai esbonwyr cefndir tebygol y darlun o'r wledd ar ddechrau'r bennod yw llên doethineb yr Iddew, lle ceir Doethineb yn estyn gwahoddiad cyhoeddus i'r sychedig a'r newynog i ddod ac ymddigoni wrth fwrdd ei gwledd (gw. Diar. 9.5; Eccles. 24.19). Awgrym arall, fodd bynnag, yw mai gweiddi'r gwerthwyr dŵr a'r masnachwyr yn y marchnadoedd roddodd i'r proffwyd ei ddelwedd. Mewn gwlad boeth yr oedd dŵr yn werthfawr iawn, ac fel gwerthwyr penwaig Nefyn gynt fe fyddai gan werthwyr dŵr yr Hen Fyd hwythau eu hymadroddion arbennig eu hunain. Cydio yn y fath ymadrodd a wna'r proffwyd, ond yn wahanol i'r masnachwyr, sicrha ei wrandawyr nad oedd tâl yn ddyledus am y dŵr bywiol, ac y mae bara a dŵr, gwin a llaeth yn dynodi, nid yn unig reidiau bywyd, ond ei ddanteithion hefyd. Digonedd, mwy na digon a phopeth am ddim yw byrdwn neges y proffwyd; ond i dderbyn y fath fendith rhaid troi at Dduw mewn edifeirwch. Ef a rydd lawnder bywyd i'r dychweledigion a bron nad yw'r hen ddihareb, 'Heb

Dduw, heb ddim', yn crynhoi meddwl y proffwyd yma.

Gallai'r fath sôn am fendithion oedd i ddod fod yn ddim namyn siarad gwag yng ngolwg yr Iddewon a oedd yn gaeth ym Mabilon, ond y mae'r Ail Eseia, drwy gysylltu ei neges â'r addewidion a'r cyfamod wnaed gynt â Dafydd, yn gochel rhag i unrhyw un ddehongli ei eiriau felly. Atgoffa ei wrandawyr a wna o un o arwyr mawr eu hanes, a'r brenin mwyaf llwyddiannus a gafodd Israel erioed. Onid oedd Duw wedi ei ddewis ac ysbryd yr Arglwydd wedi bod ar ei frenhiniaeth? Bu yntau'n dyst o allu Duw, ac yn gyfrwng i ddangos i'w bobl nerth a thrugaredd yr Arglwydd. Cyhoeddodd y proffwyd Nathan addewid Duw iddo (gw. II Sam. 7.8-16) ac yr oedd honno'n sicrhau, nid yn unig y câi Dafydd fuddugoliaeth dros ei elynion, ond byddai ei bobl yn ffynnu mewn gwlad ddiogel a'i linach brenhinol yn parhau'n gadarn dan warchodaeth yr Arlgwydd.

Cwyn yr alltudion, fodd bynnag, oedd i gwymp Jerwsalem a diflaniad y llinach frenhinol danseilio'r cyfamod â Dafydd a dangos mai gwag fu holl addewidion Duw iddo. Yn wir, rhoddwyd mynegiant croyw iawn i'r fath gwyn gan y Salmydd (gw. Salm 89.38-45) a diau fod ei eiriau ef ym meddwl yr Ail Eseia wrth lunio'r bennod hon. Eto'i gyd, nid oedd y proffwyd am gael ei lethu gan y fath ddigalondid, a'r hyn a wna yw ail-ddehongli'r addewidion i Dafydd a'u hystyried fel addewidion i'r genedl gyfan. Er diflannu o'r llinach frenhinol ac er caethgludo'r bobl, fe brofent hwy eto adferiad; ceid cynnydd yn eu niferoedd a hynny, nid drwy rym arfau a gorchfygu gelynion fel cynt, ond drwy i ddieithriaid ymgysylltu eu hunain ag Israel er mwyn moliannu ei Duw hi.

Braint Israel, bellach, fyddai bod yn dyst ffyddlon i'r Arglwydd, ond gan fod hynny hyd yn oed yn ymddangos yn amhosibl i'r alltudion ym Mabilon atgoffa'r Ail Eseia hwy nad o safbwynt gwendid dynol y mae ystyried mawredd a gallu Duw. Onid oedd cyfandiroedd o wahaniaeth rhwng ei gynlluniau ef a'u cynlluniau hwy, ac onid oedd ei feddyliau yn rhagori filwaith ar yr hyn a ddychmygwyd ganddynt. Yr unig beth yr oedd yn rhaid i Israel ei wneud, yn ôl y proffwyd, oedd ceisio Duw a dynesu ato a rhoi ei ffydd ynddo; oherwydd ni allai ei air beidio â dwyn bendith i'w bobl, ddim mwy nag y gallai'r glaw a'r eira beidio â dyfrhau'r ddaear. Ond rhaid oedd i'r gair gael derbyniad gan y genedl fel y cafodd dderbyniad gan y proffwyd ei hun. Nid er eu gwaethaf y dwg Duw waredigaeth i'w bobl, ond drwy gyd-weithredu â hwy. Peri derbyniad y neges o waredigaeth wna'r gair na ellir ei atal, a phrin fod dim yn arwyddo derbyn y neges honno'n fwy nag edifeirwch.

Am roi i'w bobl yr hyder i edifarhau yr oedd yr Ail Eseia wrth ddangos iddynt Dduw mawr, a darlunio'r hyn a oedd ar fin digwydd. Gormodiaeth yn sicr a geir yn y disgrifiad o fyd natur yn llawenhau a'r anialwch yn cael ei weddnewid pan fo'r alltudion yn dychwelyd adref; a diau y gallai cenedlaethau diweddarach edliw i'r proffwyd nad felly y bu pan ddychwelodd y genedl o'r gaethglud. Ond ni fyddai'r fath edliw yn ddim mwy na hollti blew yn ei olwg ef, gan mai'r peth pwysig oedd i'r hyn y bu iddo ef ei broffwydo ddigwydd mewn gwirionedd.

Trafodwch.

1. Mae'r proffwyd yn sôn am fendithion Duw fel gwledd i'w mwynhau'n rhad. Pa ddelweddau a allem ni eu defnyddio i ddarlunio darpariaeth yr efengyl i'n cyfoeswyr?

2. Dywed y Testament Newydd i Ioan Fedyddiwr annog ei wrandawyr i edifarhau (gw. Mth. 3.2; Mc. 1.5). Pa mor angenrheidiol i ni yw edifeirwch, ac a ellir edifarhau a bod yn llawen?

3. Ai o safbwynt Duw ynteu o'n safbwynt ni ein hunain yr ydym ni heddiw yn ystyried ein sefyllfa bresennol a'n dyfodol fel Cristnogion?

Gwers 14: DATGAN GWAREDIGAETH (61.1-11)

Y mae penodau olaf Llyfr y Proffwyd Eseia (55-66) yn perthyn, nid i gyfnod y gaethglud ym Mabilon, ond i gyfnod diweddarach pryd y cafodd yr alltudion ddychwelyd i'w gwlad ac y dechreuwyd adfer dinas Jerwsalem a'r deml. Eto'i gyd, mae'n amlwg fod cyswllt agos rhwng cynnwys y penodau ychwanegol hyn â gwaith yr Ail Eseia, a gellir tybio, hyd yn oed os nad disgyblion iddo a'u lluniodd, mai ef a'i broffwydoliaeth oedd yr ysbrydoliaeth y tu ôl iddynt. Bellach disodlwyd y syniad o ddychweliad o Fabilon gan y syniad o gasglu'r Iddewon gwasgaredig i Jerwsalem, ac ym mhennod 61 y mae proffwyd di-enw yn cyhoeddi iddo gael ei benodi a'i anfon i gyhoeddi iachawdwriaeth Duw.

Y mae geiriau agoriadol yr adran y sylwn arni yn awr yn adnabyddus i bob Cristion fel y geiriau a ddarllenwyd gan Iesu yn y synagog yn Nasareth ar gychwyn ei weinidogaeth gyhoeddus (gw.Lc. 4.16-19). O'r herwydd gwelodd yr Eglwys gyflawni'r broffwydoliaeth hon yn Iesu Grist, ac y mae tebygrwydd amwlg rhyngddi hefyd â chaneuon y gwas y bu i ni eu hystyried yn gynharach (gw. yn arbennig 42.1-9; 49.1-7).

Nodwedd amlycaf adnodau cyntaf y bennod yw natur bersonol y geiriau, ac argyhoeddiad pendant y proffwyd iddo gael ei alw a'i gymhwyso i gyhoeddi neges o iachawdwriaeth. Er nad hanes galwad fel y cyfryw sydd yma, dywedir i ysbryd Duw gynysgaeddu'r proffwyd ac i'r Arglwydd ei eneinio. Gwyddom fod proffwydi gwae y cyfnod cyn y gaethglud yn gochel unrhyw sôn am ysbryd yr Arglwydd yn dod arnynt, rhag iddynt gael eu cysylltu â'r gweledyddion ecstatig megis y rhai y bu Saul yn cyd-broffwydo â hwy (gw. 1Sam. 3.9-13). Yn yr un modd, term a ddefnyddir mewn perthynas â sefydlu brenin yw 'eneinio' bron bob amser yn yr Hen Destament, a go brin ei fod yma'n golygu dim mwy nag awdurdodi. O'r herwydd awgrymodd rhai esbonwyr mai addasiad neu gymhwysiad o alwad proffwyd cynharach o lawer a geir yma, ond hyd yn oed wedyn ni ellir gwadu pendantrwydd ac argyhoeddiad y neges.

Gwaith y proffwyd, meddir, yw datgan neu gyhoeddi iachawdwriaeth a hynny i bobl gaeth a digalon. Ond sylwer nad yr alltudion yn gaeth ym Mabilon sydd ym meddwl y proffwyd, ond carcharorion a gollodd eu rhyddid oherwydd iddynt fynd i ddyled. Hwy yw y rhai a ryddheir, ac un o nodweddion amlwg y broffwydoliaeth yma yw fod gwaredigaeth bellach, nid ynghlwm wrth ddigwyddiad arbennig y dychwelyd i Ganaan, ond wrth gyfnod newydd sydd ar fin gwawrio, ac a ddaw â rhyddhad o afael adfyd personol i nifer fawr o bobl. Dyna ergyd y sôn am 'flwyddyn ffafr yr Arlgwydd' ac am 'ddydd dial ein Duw ni', er na ddylid cymryd 'dial' yma i olygu dim mwy nag adferiad neu ad-daliad. Nid unrhyw ddialedd ar elynion Israel oedd gan y proffwyd mewn golwg.

Disgrifia'r proffwyd y waredigaeth sy'n sail i'w eiriau cysurlon â chyfres o wrthgyferbyniadau a olyga osod un peth yn lle peth arall. Rhoir coron yn lle lludw, ac olew llawenydd yn lle galar a mantell ysblennydd yn lle digalondid; ac yn yr Hebraeg y mae'r gwrthgyferbyniadau hyn yn drawiadol nid yn unig am fod ynddynt ddychymyg llachar, ond am y ceir ynddynt hefyd chwarae ar eiriau. Hoelia'r proffwyd sylw'i wrandawyr ar eu hadferiad hwy eu hunain, a thanlinella'r neges o waredigaeth drwy sôn am adfeilion y dinasoedd a adawyd yn anghyfannedd yn ystod cyfnod y gaethglud yn cael eu hail-godi.

Ond nid ergyd gymdeithasol ac economaidd yn unig fu'r gaethglud i'r Israeliaid, eithr archollwyd ysbryd y genedl yn ogystal a chollodd ei hunanbarch a daeth arni ymdeimlad llethol o gywilydd. Am hynny, meddai'r proffwyd, fe fydd Duw yn adfer ei statws ymhlith ei chymdogion ac yn rhoi iddi lawenydd parhaus. Rhan o'r adferiad seicolegol hwnnw fyddai i bobloedd dieithr a chenhedloedd estron ddod i weini ar y genedl a fu ei hun mewn caethiwed. Byddai cenedl Israel fel rhyw fath o bendefigaeth ysbrydol, yn rhydd i ganolbwyntio ar ei pherthynas â Duw, tra bod eraill mwy bydol eu bryd yn gweini arni. Câi ei chydnabod fel y genedl â fendithiwyd gan yr Arglwydd, a byddai cyfamod parhaol rhyngddi â Duw, a hynny am ei fod ef yn Dduw sy'n mynnu cyfiawnder, ac am dalu iawndal i Israel am ei holl ddioddef.

Prin fod yn rhaid dweud nad yw'r darlun hwn o'r cenhedloedd yn gweini ar Israel fel bugeiliaid a garddwyr a gwinllanwyr yn cyd-fynd â syniadau rhannau eraill o'r Hen Destamnet am y fendith a ddaw o amaethu a thrin y tir. Eto'i gyd, nod y proffwyd oedd tanlinellu adferiad y genedl, ac o gofio am y gaethglud gellir yn hawdd gweld apêl y darlun o estroniaid yn gweini arni. Daw'r broffwydoliaeth i ben gydag emyn o orfoledd sydd, er yn cael ei ddatgan gan unigolyn, yn ymateb y gymuned oll i iachawriaeth Duw. Fel yr Ail Eseia o'i flaen, yr oedd y proffwyd hwn hefyd yn credu mai'r ymateb priodol i neges o gysur a chyhoeddi gwaredigaeth oedd mawl.

Trafodwch.

1. Beth yw 'galwad'? A oes perygl ynghlwm wrth argyhoeddiad personol o alwad i waith arbennig?

2. Bu geiriau'r proffwyd hwn yn ysbrydoliaeth i ddiwygwyr cymdeithasol a chwyldroadwyr. I ba raddau y mae'r Beibl yn galw arnom i gymysgu crefydd a gwleidyddiaeth?

3. I ba raddau y dylai mawl fod yn rhan o'n bywyd yn ogystal â'n hoedfaon? Sut y mae mynegi mawl?

Gwers 15: LLEWYRCHA, GORFOLEDDA (60.1-14)

Thema ganolog y bennod hon yw'r geiriau, 'Datguddir gogoniant yr Arglwydd, a holl blant dynion ynghyd yn ei weld' (40.5), ac y mae'n amlwg fod yr awdur, pwy bynnag ydoedd, yn gyfarwydd iawn â gwaith proffwyd dienw'r gaethglud. Fel yntau y mae'n hoff o ddechrau adran â gorchymyn, ac fe esyd gywair yr holl bennod yn syth ar y dechrau â'r geiriau 'Cod llewyrcha.' Oherwydd pennod llawn cynnwrf a symudiad yw hon, a darlunir ynddi ddyfodiad Duw a dylifiad pobloedd i Jerwsalem.

Cefndir y cyfan a ddywedir, wrth gwrs, yw'r gaethglud ym Mabilon, ac o gofio'r cefndir hwnnw gwelir fod arwyddocâd arbennig yma eto i adferiad Jerwsalem. Disgrifir yr adferiad drwy gyfeirio at Dduw yn ymddangos a'i oleuni ef yn llewyrchu ar y ddinas sanctaidd. O'r herwydd ymddengys fod gweddill y byd mewn tywyllch a dylifa'r bobloedd i Seion i wasanaethu cenedl Israel a mawrygu'r fraint a gafodd gan ei Duw.

Y mae'r defnydd helaeth a wneir o hyd o'r bennod hon ar drothwy'r Nadolig yn brawf i'r proffwyd daro tant yng nghalon pob credadyn â'r geiriau hyn. Pwyso ar hen ddull Iddewig o ddisgrifio dyfodiad Duw a wnaeth mae'n debyg (gw. Barn. 5.4; Salm 18.8-16) ond hepgorodd o'i waith ei hun bob sôn am ryfel a rhyfeddodau naturiol a fyddai ynghlwm wrth ddisgrifiadau felly. Yn hytrach addasodd yr hen draddodiad drwy ychwanegu ato ddogn da o ysbrydoledd a llwyddodd â'i eiriau i gyffroi teimladau aruchel.

Yn wahanol i'r Ail Eseia nid sôn am ddigwyddiad hanesyddol arbennig a wna'r proffwyd hwn ychwaith, a diau i hynny roi apêl oesol i'w eiriau. Rhywbeth a berthyn i'r dyfodol yw'r iachawdwriaeth er hynny, ac fel y crybwyllwyd eisoes, dyfodiad y cenhedloedd, ac yn eu plith yr Iddewon gwasgaredig, i Jerwsalem, fydd yn ei nodweddu. Ac i'r Iddewon a oedd newydd ddychwelyd i'w gwlad rhaid fod ryw lawenydd anhygoel yn y darlun hwn, oherwydd diboblogi a thlodi, galar a dioddefaint a nodweddai ddinas Jerwasalem a gwlad Canaan yn ystod cyfnod y gaethglud. Erbyn i'r proffwyd gyfansoddi'r geiriau hyn, fodd bynnag, mae'n debyg fod rhai o'r alltudion eisoes wedi dychwelyd, ond bach iawn oeddynt o ran nifer ac y mae'r sôn sydd yma am weld y cenhedloedd yn dylifo i Jerwsalem yn adlewyrchu'r dyhead am weld y tyrfaoedd yn dychwelyd o Fabilon.

Nid yw'n rhyfedd, felly, mai'r prif drysor a ddygid gan y cenhedloedd estron oedd meibion a merched Israel; yr oedd dyfodiad yr estroniaid yn foddion iddynt hwy gael dychwelyd adref, ac eilradd oedd yr holl drysorau eraill. Eto'i gyd, nid yw'r proffwyd yn blino ar ddisgrifio'r anifeiliaid a ddygid gan y cenhedloedd i'w haberthu i'r Arglwydd. Yr oedd Cedar a Nebaioth yn ardaloedd enwog am eu defaid; cofiwn i gamelod masnach Midian ymddangos hefyd yn stori Joseff, a pherthnasau i'r Midiaid oedd pobl Effa. Bu brenhines Seba gynt yn ymweld â Solomon, ac o randiroedd cyn belled â Tarsis yn neheudir Sbaen fe ddeuai llongau, â'u hwyliau gwyn yn atgoffa'r proffwyd o gymylau neu golomennod, yn llawn aur ac arian i anrhydeddu Duw a phobl Israel.

Dyma'n ddiau ddarlun o ddyfodol gogoneddus, ac fel petai cyfoeth ddim yn ddigon i wneud iawn am flynyddoedd y gaethglud y mae'r proffwyd yn pwysleisio, nid yn unig yr ail-adeiledid dinas Jerwsalem, ond mai estroniaid a'u brenhinoedd fyddai'n gwneud hynny! Onid oedd yn rhaid adfer parch y bobl a fu gyhyd mewn caethiwed? Disgrifia'r proffwyd dro ar fyd rhyfeddol a gelynion a gormeswyr y dyddiau gynt yn awr yn gwasanaethu pobl yr Arlgwydd. Efallai'n wir mai ychwanegiad yw adnod 12 sy'n sôn am ddinistrio'r cenhedloedd na fynn ymostwng i Israel, ond y mae'r sôn am byrth Jerwsalem yn agored ddydd a nos yn pwysleisio na fydd neb yn ei herio, er mai'r rheswm am gadw'r pyrth ar agor, meddir, yw fod cymaint o genhedloedd eisiau dwyn eu cyfoeth i anrhydeddu Israel.

Wedi ail-adeiladu'r ddinas dywed y proffwyd hefyd yr ail-adeiledir y deml, a dygir coed gwerthfawr o Lebanon i wneud hyn. Cofier i'r Ail Eseia ddatgan nad oedd ddigon o goed yn Lebanon i baratoi aberth digonol i Dduw Israel (40.16), a dywedodd hefyd y byddai Duw yn plannu ffynidwydd a ffawydd a phren bocs yn yr anialwch, yn arwydd o'r exodus newydd (41.19). Ond yma harddu tŷ yr Arglwydd a wnânt, ac y mae rhywbeth yn fawreddog a rhwysgfawr yn y cyfeiriad at Dduw megis yn gosod ei draed yn y deml.

Yn olaf rhaid sylwi ar y modd y bydd meibion y gormeswyr a fu'n poeni Israel yn ymostwng i gydnabod 'Dinas yr Arglwydd, Seion Sanct Israel'. Dyma'n wir adfer anrhydedd y ddinas a hunan-barch y genedl, ond sylwer mai cydnabod Jerwsalem a wneir am fod goleuni a bendith yr Arlgwydd yn tarddu ohoni. Da felly fyddai inni atgoffa'n hunain o eiriau Eseia Jerwsalem: 'Y bobl oedd yn rhodio mewn tywyllwcha welodd oleuni mawr; y rhai a fu'n byw mewn gwlad o gaddug dudewa gafodd lewyrch golau.' (9.2)

Rhodd Duw yw'r golau; dyna paham y mae ystyr o hyd yng ngeiriau Lewis Henley a gyfieithwyd gan D. Lloyd George:

Dros diroedd maith di-ffydd
Y caddug sydd o hyd;
Tyrd, seren wen y wawr,
Goleua'r llawr i gyd.

Trafodwch.

1. Pa mor ystyrlon heddiw yw i ni fel Cristnogion sôn am 'oleuni' Duw?

2. I ba raddau y gellir cydymdeimlo â'r syniad o glodfori cenedl arbennig?

3. Nid digon cyfoeth heb barch a hunan-barch.

Gwers 16: Y NADOLIG (Ioan 1. 1-14)

Fe adawsom ni Lyfr y Proffwyd Eseia gyda'r sôn am oleuni Duw, ac addas iawn yw i ni gamu i'r Testament Newydd gyda'r un ddelwedd yn ganllaw inni. Nid yw Ioan yn adrodd stori geni Iesu fel y cyfryw, ond y mae adnodau cyntaf ei efengyl yn ymgais odidog i ddangos arwyddocâd y stori honno. Daeth Duw i'r byd yn Iesu Grist, ac yr oedd hynny, yn ôl Ioan, fel dyfodiad goleuni i ganol tywyllwch.

Cefndir yr Ymgnawdoliad neu'r dyfodiad hwnnw ydoedd cariad Duw. Nid dweud fod Duw wedi newid ei agwedd tuag at y byd a wna Ioan; fel yr Ail Eseia o'i flaen pwysleisia fod yr agwedd honno'n hollol gyson, ond bod Duw weithiau'n dewis gweithredu mewn ffyrdd newydd a gwahanol. Dyna a wnaeth wrth ddefnyddio brenin estron i ddwyn yr Israeliaid gynt o gaethiwed Babilon, a dyna a welir yn awr gyda dyfodiad y Gair i'r byd, meddai Ioan.

Nid oes raid dweud wrth garedigion yr Ysgol Sul mai enw arall am Iesu yw 'y Gair' yma, ac o'i ddefnyddio yr oedd Ioan yn gobeithio gwneud ei neges yn ystyrlon i fyd Groegaidd ei gyfnod, yn ogystal ag i'r Iddewon. Byddent hwy eisoes yn gyfarwydd â'r sôn am neges y proffwydi fel gair Duw (Hosea 1.1) ac am Dduw yn creu drwy ei air (Salm 33.6), ac nid oes raid gwneud mwy na chyfeirio at eiriau'r Ail Eseia i ddangos pa mor eithriadol effeithiol a deinamig yw gair Duw yn yr Hen Destament;

> *felly y mae fy ngair sy'n dod o'm genau*
> *ni ddychwel ataf yn ofer,*
> *ond fe wna yr hyn a ddymunaf*
> *a llwyddo â'm neges.* (55.11)

I'r Iddew hefyd yr un oedd gwaith a swyddogaeth Gair Duw a'i Ddoethineb, a dyma ychwanegu haen arall o ystyr i gefndir 'y Gair' yn Efengyl Ioan. Dweud y mae'r efengylydd fod Iesu'n ymgorfforiad o Air a Doethineb Duw, ac oni fyddai'r fath haeriad, fel esboniad o stori'r geni, yn ddigon i hoelio sylw unrhyw Iddew.

Ond beth am y Groegiaid a'r boboloedd lawer a ddaeth dan ddylanwad diwylliant Groegaidd y ganrif gyntaf? Iddynt hwy meddwl Duw, sef yr hyn a gadwai'r byd rhag mynd a'i ben iddo, oedd y Gair neu'r Logos mewn Groeg, a nod Ioan wrth ddefnyddio'r term ar ddechrau ei efengyl oedd dweud wrthynt hwy fod yr hyn y buont yn sôn amdano ers canrifoedd i'w ganfod wedi gwisgo cnawd yn Iesu Grist. I Iddewon a Groegiaid felly yr oedd i'r Ymgnawdoliad arwyddocâd arbennig, ac y mae Ioan wrth ddweud fod y Gair o'r dechreuad gyda Duw yn pwysleisio mai'r datguddiad a gafwyd drwy Iesu Grist oedd yn newydd - nid Duw newydd oedd hwn ac nid adlewyrchu agwedd newydd Duw tuag at ei bobl a wnai, ond un fel hyn fu Duw erioed. Dyma fo, meddai Ioan, yn datguddio ei hun i eithaf ei allu dan amodau ac amgylchiadau'r byd hwn, ac y mae'r haeriad i bob peth ddod i fod drwy'r Gair eto'n atgyfnerthu safbwynt yr efengyl hon drwyddi draw sef na ddylid creu hollt rhwng ewyllys a gweithgarwch Duw ac ewyllys a gweithgarwch Iesu.

Ond beth tybed fu effaith yr Ymgnawdoliad ar y byd? Dywedwyd eisoes i ddyfodiad Iesu fod fel ymddangosiad goleuni yng nghanol tywyllwch, a dau air mawr Efengyl Ioan fel y pwysleisir gan deitl esboniad gwych y Parchg Isaac Jones yw bywyd a goleuni. Dyma i'r Iddew ddwy wedd ar allu Duw neu'r ynni dwyfol, ac yr oedd i'r termau hyn gefndir helaeth hefyd ymysg y Groegiaid. Byddai rhai ohonynt hwy yn hoffi datgan mai goleuni neu wybodaeth a roi fywyd neu achubiaeth, ond Iesu Grist ei hun yw ffynhonnell bywyd a goleuni yn ôl Ioan. 'Myfi yw'r atgyfodiad a'r bywyd' (11.25) meddai Iesu, a chyfeiria ato'i hun hefyd fel 'goleuni'r byd' (8.12).

Effaith dwyn y goleuni i'r byd, fodd bynnag, oedd creu anghydfod a gwrthdrawiad. Nid oedd y tywyllwch yn abl i ddeall y goleuni ac nid oedd yn abl i'w ddinistrio ychwaith, a dengys gweddill Efengyl Ioan fel y bu i ofn a drwgdybiaeth, amheuaeth a chasineb arwain at hoelio Iesu ar groes. Eto'i gyd, derbyniodd rhai y goleuni a chanfod ei fod yn 'wir oleuni' sef yn real a dilys. Bywyd go iawn, bywyd llawn a chyfoethog yn ôl Ioan, a nodwedda'r rhai a dderbyn y golau, ond rhaid cofio fod derbyn y goleuni yn golygu mwy na chydsynio deallus â ryw wirioneddau arbennig. Na, nid proses naturiol fel proses ein geni yw'r hyn a'n dwg yn blant i Dduw, chwedl Ioan; golyga derbyn Iesu ymateb iddo â ffydd ac ufudd-dod.

Pa ryfedd felly i Ioan wrth bwysleisio i'r Gair ddod yn gnawd (adn.14) bwysleisio hefyd iddo ddod i'n plith 'yn llawn gras a gwirionedd'. Cariad at yr anhaeddianol yw gras yn y Testament Newydd, a phwy a wad nad cariad felly'n unig allai ddelio a byd fel hwn a phobl fel ni.

Yn olaf, rhaid dweud gair am Ioan Fedyddiwr, sy'n ymddangos fel y tyst cyntaf i Iesu yn Efengyl Ioan. Ymddengys yma'n gymeriad pur wahanol i bregethwr edifeirwch yr efengylau eraill, ond er y pwysleisir mai lle eilradd sydd iddo ochr yn ochr â Iesu, cydnabyddir y rhoddwyd iddo er hynny waith allweddol. Cyfeirio at Iesu a dwyn tystiolaeth iddo yw ei swyddogaeth, ac efallai i awdur yr efengyl bwysleisio'r swyddogaeth honno am i rai o Gristnogion y ganrif gyntaf roi lle mor amlwg i Ioan Fedyddiwr nes i rai ddechrau cyfeirio ato ef fel y Meseia. Ond Iesu Grist yw'r Gair ymgnawdoledig, ac fel Ioan Fedyddiwr gynt go brin y gallwn ninnau wneud yn well na dwyn tystiolaeth iddo;

> *Dweud yn dda mewn gair amdano*
> *Rhoi fy hun yn gwbl iddo.*

Trafodwch:

1. Pa mor bwysig yw cyflwyno Iesu mewn termau y mae pobl nad oes ganddynt unrhyw gysylltiad â'r eglwys yn eu deall?

2. Ffydd ac ymrwymiad yw hanfod y bywyd Cristnogol.

3. A oes lle o hyd i sôn am ail-enedigaeth?

IONAWR: MAB DUW

Gwers 17: IESU'R ATHRO (Ioan 8. 12-20)

Fe barheir â thema goleuni eto yn yr adran hon wrth i Ioan ddisgrifio Iesu'n dysgu yn ystod un o wyliau pwysig yr Iddewon.

Rhan o seremoniaeth Gŵyl y Pebyll oedd cynnau pedair canhwyllbren fawr yn Llys y Gwragedd yn y deml, a hynny i gofio'r golofn dân a fu'n arwain yr Iddewon yn ystod yr exodus o'r Aifft (gw. Ex. 13.17-22). Gwyddom fod thema fawr goleuni yn rhedeg fel llinyn arian drwy'r Hen Destament ac y ceir yno sôn am y Gyfraith a Doethineb fel goleuni, ond yma dywed Iesu mai ef yw goleuni'r byd, ac yn ddiweddarach cawn ef yn cyflawni'r wyrth o iachau dyn dall o'i enedigaeth (9. 1-12) fel arwydd o wirionedd ei eiriau.

Neges bwysig, fe ellid tybio, yw honno a gefnogir gan wyrth, ond rhaid sylwi hefyd nid yn unig fod y neges ei hun yn bwysig ond bod ei geiriad yn arwyddocâol iawn yn yr efengyl hon. 'Myfi yw goleuni'r byd' meddai Iesu, ac fe fyddai'r ymadrodd 'Myfi yw' wedi atgoffa'r Iddewon yn syth o eiriau Duw yn yr yr Hen Destament. 'Duw dy dadau wyf fi' meddai Duw wrth Moses er enghraifft (Ex. 3.6); a cheir yng ngweithiau'r proffwydi ymadroddion megis 'Myfi, myfi sy'n eich diddanu' (Eseia 51.12). Yn yr efengylau cyflolwg hefyd ceir Iesu'n cyfeirio ato'i hun gan bwysleisio'r person cyntaf unigol (e.e. Math. 5.22, 28, 32, 34, 39, 44), ond un o nodweddion amwlg arddull Efengyl Ioan yw'r 'Myfi yw', ac fe'i defnyddir gan yr awdur mewn chwe ymadrodd nodedig sy'n cyflwyno gwirioneddau am gymeriad dwyfol Iesu (gw. 6.35; 10.7,9; 10.11,14; 11.25; 14.6; 15.1,5).

Yr hyn a ddywedir yn awr, yng nghanol goleuadau llachar Gŵyl y Pebyll, yw'r hyn a fynegwyd eisoes yn y Prolog (1.4,9) sef mai Iesu yw'r gwir oleuni ac mai drwyddo ef, ar gyfrif ei berthynas unigryw â Duw, y datguddir pwrpas bywyd. Diau i'r fath honiad ferwino clustiau'r Phariseaid nad oeddynt yn adnabod Iesu nac yn gwybod fawr ddim amdano. Eu harfer hwy oedd ystyried y Gyfraith neu Ddoethineb fel goleuni, ac yn syth fe gyfyd dadl rhyngddynt â Iesu. Haerant na ellir ystyried tystiolaeth neb amdano'i hun yn ddiogel na derbyniol, ond etyb Iesu y gellir derbyn ei dystiolaeth ef amdano'i hun gan ei fod yn wahanol i bawb arall, yn gwybod o ble y daeth ac i ble yr oedd yn mynd. Nid yn ôl safonau dynion y barna ef, ond mynegi barn Duw a wna, ac fel y mynegwyd eisoes yn y Prolog (1.10-12) yr oedd ei ddyfodiad i'r byd yn rhannu dynion yn ddau ddosbarth, sef y rhai a oedd yn caru'r goleuni a 'r rhai a oedd yn caru'r tywyllwch.

Perthyn i'r tywyllwch yr oedd y Phariseaid, ac y mae awdur Efengyl Ioan fel petai am bwysleisio'r rhwyg rhyngddynt hwy â Iesu. Eu cyfraith hwy, meddid, sy'n mynnu fod gair dau dyst annibynnol yn ddigonol, ond go brin y gellid dychymygu Iesu a fagwyd yn Iddew yn cyfeirio at y Gyfraith fel eiddo'r Phariseaid yn unig, gan awgrymu nad oedd yntau yn ei derbyn hefyd. Haws tybio mai meddylfryd awdur a ysgrifennai ddiwedd y ganrif gyntaf pan yr oedd bwlch pur sylweddol wedi datblygu rhwng yr Iddewon a'r Cristnogion a adlewyrchir yn y fan hyn, ac mai dyna hefyd sy'n cyfrif am y camargraff a rydd Iesu o ofynion y Gyfraith wrth honni bod tystiolaeth dau dyst, sef ef ei hun a'i Dad yn yr achos hwn, yn ddigonol. Gofyn am ddau dyst annibynnol a wnai'r Gyfraith (Deut. 17.6; 19.15), ac fe ellir tybio na fyddai gair y cyhuddiedig ei hun ynghyd â gair un tyst annibynnol arall yn ei bodloni.

Ond ta waeth am fanylion cyfreithiol, nid ar ôl manion felly yr â'r Phariseaid yn awr, ond dangos eu diffyg dealltwriaeth o eiriau Iesu a wnant wrth ofyn iddo ble'r oedd ei dad, a gellir eu dychmygu yn mynd ymaith i'w holi pe baent ond yn gwybod ble'r ydoedd! Y mae'r fath gamddealltwriaeth o eiriau Iesu yn nodwedd amlwg arall o arddull Efengyl Ioan; yn aml iawn rhydd y fath ffolineb gyfle iddo ef esbonio rhywbeth, megis y syniad o ail-enedigaeth yn ei ymgom â Nicodemus (3.4-7). Yma, fodd bynnag, tanlinellu diffyg adnabyddiaeth y Phariseaid ohono a'r ffaith na fu iddynt ychwaith adnabod Duw yn iawn a wna. Aros yn y tywyllwch wna'r Phariseaid, yn gwbl ddall i'r golau, er bod goleuni'r byd yn sefyll o'u blaenau.

Yn olaf noda Ioan i Iesu lefaru'r 'geiriau hyn yn y trysordy, wrth ddysgu yn y deml', sef o flaen y tair cist ar ddeg yng Nghyntedd y Gwragedd lle y byddai canwyllbrenau Gŵyl y Pebyll wedi eu cynnau. Onid dyna beth oedd priodi neges ac amgylchiad? Ac er gwaethaf natur gynhyrfus ei neges, ni cheisiodd neb ddal Iesu ychwaith, oherwydd chwedl Ioan, nid oedd ei awr, awr ei ddioddefaint fyddai hefyd yn awr ei ogoniant, wedi dod eto.

Wele'r Athro mawr yn dysgu,
Dyfnion bethau Duw,
Dwyfol gariad yn llefaru
F'enaid clyw.

Trafodwch

1. Pa mor dda yw'r eglwys heddiw am briodi ei neges ag amgylchiad, ac a rydd dyfodiad milflwyddiant newydd gyfle gwych iddi wneud hynny?

2. Yr oedd gan y Phariseaid eu syniadau pendant eu hunain am 'oleuni' ac yr oeddynt yn ddall i oleuni'r efengyl. A oes perygl i ni fod yn debyg iddynt?

3. *Goleuni ac anfeidrol rym*
   Yw hyfryd eiriau'r nen;
   Pob sillaf a ddywedodd ef
   Sydd siwr o ddod i ben.

Gwers 18: IESU'R MEDDYG (5. 1-16)

Y mae iachau a gofalu am gleifion yn rhan bwysig iawn o weinidogaeth yr Arglwydd Iesu Grist yn y Testament Newydd, ond er hynny Ioan yn unig sy'n adrodd hanes iachau y claf wrth bwll Bethesda. Dywedir i Iesu ddod i Jerwsalem ar gyfer dathlu un o wyliau'r Iddewon, ac awgrymodd rhai esbonwyr mai Gŵyl y Pentecost oedd hon.

Ar ymyl pwll Bethesda, a oedd ryw ganllath i'r gogledd o safle'r deml yn ôl yr archaeolegwyr, y daeth Iesu ar draws gŵr claf y tro hwn. Bu yno ers deunaw mlynedd ar hugain, yn un o fintai o gleifion yn disgwyl iachâd, ac mewn rhai llawysgrifau o'r testun, fel yn yr hen gyfieithiad Cymraeg, ychwanegir mai disgwyl i angel gynhyrfu dŵr y pwll yr oedd y rhain, gan gredu y byddai'r cyntaf i fynd i mewn i'r dŵr pan ddigwyddai hynny yn siwr o gael iachâd. Bellach esbonia'r gwybodusion mai ffrwd danddaearol fyrlymai i'r pwll yn achlysurol gan gynhyfru'r dŵr, ond mewn oes mor erwin pan oedd afiechyd gan amlaf yn golygu tlodi ac unigrwydd, pa ryfedd i'r werin gredu yn rhiweddau dŵr y pwll? A hyd yn oed wedi bod yno am ddeunaw mlynedd ar hugain, nid oedd y claf hwn ychwaith yn amau rhinwedd y dŵr pan gynhyrfid ef, a dywed wrth Iesu mai'r hyn a'i rhwystrodd rhag cael iachâd oedd na fu neb ar gael i'w daflu i'r pwll pan gynhyrfid y dŵr. Yn ddieithriad gwelwyd rhwyrai yn cael i'r drochfa o'i flaen a hwy, fe ellid tybio, a gafodd fendio.

Yn awr, y mae Iesu, yn ôl Ioan, pan glywodd am amgylchiadau'r gŵr, yn trugarhau wrtho a'i iachau; ond nid stori iachau syml sydd yma ychwaith. Y mae Ioan yn hytrach yn cymryd yr hanesyn fel drych o allu a grym yr efengyl, ac y mae'r modd y manyla gan ddweud fod pum cyntedd colofnog o gylch y pwll, ac mai yn y rheini yr oedd y cleifion yn aros, yn awgrymu ei fod yn rhoi i'r sefyllfa arwyddocâd arbennig. Gwahodd cymhariaeth yr oedd rhwng y pum cyntedd a Phum Llyfr Cyfraith yr Iddew, gan awgrymu fod yr Iddewon yn gaeth yn y Gyfraith allan o gyrraedd yr efengyl, yn union yr un modd ag yr oedd y cleifion yn gaeth yn y cynteddau allan o gyrraedd dŵr bywiol y pwll.

Cynnig yr efengyl yr oedd Iesu, ond ni fyddai yn effeithiol ym mywyd yr un person cyhyd ag y parhai y person hwnnw'n hollol oddefol.

Rhaid oedd ei derbyn, ac yr oedd cwestiwn Iesu i'r claf yn un hollol berthnasol i holl ddarllenwyr efengyl Ioan; 'A wyt ti'n dymuno cael dy wella?' O gael ewyllys dyn i gyd-weithio â bwriadau Duw y ceir bendith, a golyga hynny ufudd-dod; ufudd-dod mor rhyfeddol a hwnnw a barodd i ŵr a fu'n orweddiog ac yn glaf ers deunaw mlynedd ar hugain, i ymateb yn gadarnhaol i eiriau Iesu; 'Cod, cymer dy fatras a cherdda.' Nid cyd-ddigwyddiad yw fod y gorchymyn hwn mor debyg i'r gorchymyn a roddodd Iesu i'r claf o'r parlys yn Efengyl Marc (2.11) oherwydd yr un neges a bwysleisir gan y stori honno hithau; rhaid ymateb i Iesu gyda ffydd ac ufudd-dod a mentro gwneud yr hyn a ymddengys yn amhosibl os dyna a orchmynir ganddo ef.

Canlyniad yr ufuddhau yn y stori hon, fodd bynnag, oedd i'r dyn a fu gynt yn glaf gael ei hun ar unwaith yng nghanol anghydfod crefyddol. Wrth ufuddhau i Iesu a chario ei fatras a mynd ymaith, torrodd un o fân reolau'r Iddew ynglŷn â'r Saboth, ac ni fu rhai o'i gyd-wladwyr, aelodau o blaid y Phariseaid mae'n debyg, fawr o dro yn ei gyhuddo o wneud hynny. Er yr ymddengys y fath gyhuddiad yn un digon dibwys yn ein golwg ni, yr oedd er hynny'n un difrifol iawn yng ngolwg y Phariseaid a'r gosb am ei dorri ydoedd marwolaeth. Protestiodd y dyn a iachawyd felly nad oedd ef ar fai am dorri'r Saboth, ac na wnaeth ddim ond ufuddhau i eiriau Iesu. Diau i'r Pharisead weld mwy o berygl yn yr un a oedd yn herio'r Gyfraith nag yn yr un a'i torrai, ac aethant a'u cyhuddiad yn syth at Iesu.

Y mae'r ddadl ynghylch gweithio ar y Saboth yn britho tudalenau'r efengylau cyfolwg yn ogystal ag Efengyl Ioan, a chyflwynir sawl dadl gan Iesu dros beidio cadw'n gaeth at yr arfer o orffwys ar y Saboth. Weithiau dywed bod yn rhaid cyflawni gwaith dyngarol ar y Saboth (e.e. Luc 13.10-17; 14.1-6), a dro arall cawn ef yn dadlau fod ei ddyfodiad ef yn rhywbeth 'mwy na'r deml' lle y caniateid i'r offeiriad weithio ar y Saboth (Math. 12.6), a bod gofynion y Saboth yn cael eu cyflawni yn yr 'oes newydd' (Marc 2.23-28). Yma, fodd bynnag, y mae Iesu'n cyfiawnhau iachau y dyn wrth y pwll ar y sail ei fod ef, sef Mab Duw, yn rhwym o wneud yr hyn a wna Duw ei hun, a bod Duw yn dal i weithio hyd yn oed ar y Saboth! Er yr honnai Llyfr Genesis (2.3) i Dduw orffwys ar y seithfed dydd, eto byddai'r rabbiniaid yn fodlon cydnabod na pheidiodd gwaith Duw yn cynnal y byd , hyd yn oed ar y dydd hwnnw; yr oedd ei farn a'i drugaredd, ei dosturi a'i gariad yn berffaith gyson bob dydd fel ei gilydd, ac ni ellid disgwyl i Dduw fod yn llai nag ef ei hun ar un diwrnod arbennig o bob wythnos.

Diau i'r fath honiad fynd â'r gwynt o hwyliau'r Iddewon, oherwydd dyma Iesu bellach, nid yn unig yn annog torri'r Saboth, ond yn gwneud ei hun yn gydradd â Duw. I Ioan a'r Eglwys Fore daeth ei wyrth yn iachau'r dyn wrth y pwll yn arwydd o'i natur ddwyfol a'i berthynas unigryw â'r Tad, ond ni fu'r fath honiadau yn ddim llai na gwrthun yng ngolwg yr Iddewon, a noda Ioan iddynt 'geisio'n fwy byth ei ladd ef'.

Trafodwch

1. Y mae'r 'weinidogaeth iachau' wedi ei sylfaenu ar y syniad o ofal am y dyn cyfan, gorff ac enaid. Pa le sydd iddi heddiw yn yr eglwys?

2. Ai ofergoel yw cred rhai Cristnogion yn rhinweddu iachusol dyfroedd neu fannau arbennig megis Lourdes?

3. Go brin y byddai ystyriaethau crefyddol yn rhwystro neb o garedigion yr Ysgol Sul heddiw rhag cael triniaeth feddygol, ond diau y gallai cwestiwn cost ac effeithiolrwydd triniaeth godi. Beth ddywedai Iesu tybed am ystyriaethau felly?

Gwers 19: IESU FFRIND PECHADUR (Ioan 4.5-19)

I ddeall ergyd y stori hon yn iawn y mae'n rhaid cofio dau beth yn arbennig sef bod hen, hen elyniaeth rhwng yr Iddewon a'r Samariaid a bod safle gwraig yn eithriadol o isel yn y gymdeithas Iddewig. Yn ôl un esboniwr yr oedd yn fwy tebygol i Iddew siarad â gŵr o Samaria, er gwaethaf yr elyniaeth rhyngddynt, nag i athro Iddewig saiard â gwraig yn gyhoeddus.

Darlunio Iesu'n ymestyn i gyfeillachu â'r gwrthodedig a wna'r stori hon a Ioan yn unig sy'n ei chofnodi. Erbyn cyfnod cyfansoddi ei efengyl ef yr oedd Cristnogaeth eisoes wedi profi llwyddiant mawr ymhlith cenedl-ddynion, a diau fod Ioan, er y gwyddai'n iawn na fu i Iesu weinidogaethu ymysg cenedl-ddynion fel y cyfryw, am ei ddangos yn ymwneud â rhywrai heblaw Iddewon. Gyda'r bwriad o atgyfnerthu gweinidogaeth yr Eglwys Fore ymhlith y cenhedloedd y cynhwysodd yr hanesyn hwn yn ei efengyl, a dylai dangos Iesu'n ymwneud â'r gwrthodedig fod yn rhan o'n cenhadaeth ninnau. Y mae digon o enghreifftiau o Iesu'n gwneud hynny yn y Testament Newydd a chyfranid mawr Cristnogion disglair fel y Fam Teresa fu gwneud yr efengyl yn ystyrlon drwy adlewyrchu gofal Duw am drueiniaid y byd.

Nid yn ddi-feddwl y cofnododd Ioan fod Iesu wedi cyfarfod â gwraig wrth ffynnon Jacob tua hanner dydd. Nid ganol dydd pan oedd yr haul ar ei danbeitiaf y byddai gwragedd y dwyrain yn dyfod i gyrchu dŵr, ac yn sicr nid gorchwyl unig fyddai'r orchwyl honno, ond cyfle i gymdeithasu â ffrindiau a thrafod hynt a helynt pawb yn y gymdogaeth. Ond ar ei phen ei hun y daeth y wraig hon, a diau i Iesu synhwyro cyn dechrau siarad â hi fod yma gymeriad digon amheus ac amharchus.

Ac o gofio hynny gellir dychmygu hefyd fod cais Iesu am lymaid o ddŵr ganddi hyd yn oed yn fwy rhyfeddol na phetai yn wraig lednais barchus. Oherwydd y perygl mawr i Iddew wrth dderbyn diod o ddŵr gan wraig o Samaria fyddai halogi ei hun yn grefyddol, oherwydd ystyriai'r Iddewon fod gwraig yn aflan adeg misglwyf, ac ni ellid dibynnu ar wragedd Samaria'n gyffredinol, heb sôn am wraig fel hon, i gadw allan o'r ffordd pan oeddynt yn y cyflwr hwnnw.

Ond fel y dangosodd hanes iachau'r gŵr claf wrth bwll Bethesda, gwyddai Ioan yn iawn na fu i Iesu boeni fawr am fân reolau'r Iddewon, ac mai pwysicach o lawer yn ei olwg ef fyddai ymddwyn yn gyfeillgar tuag at wraig unig. Eto'i gyd, nid yw Iesu'n anwybyddu ei chyflwr, ddim mwy nag yr anwybyddodd gyflwr y claf, ac y mae'n manteisio ar y cyfle i gynnig iddi rywbeth a allai chwyldroi ei bywyd.

Wrth sôn am yr efengyl fel 'dŵr bywiol' yr oedd Iesu'n defnyddio trosiad a fyddai'n ystyrlon iawn i bobl a oedd yn byw mewn gwlad sych a phoeth, ac un a ddefnyddid gan y rabbiniaid wrth gyfeirio at y Gyfraith; ond fel y digwydd yn aml yn Efengyl Ioan y mae'r wraig hon hithau'n camddeall geiriau Iesu. Tybia mai ryw ddŵr arbennig oedd ganddo mewn golwg, ac na fyddai o'i yfed byth eisiau diod wedyn; ond sôn am ddiwallu syched yr enaid am Dduw yr oedd Iesu, a phrysura ymlaen i geisio ryw fodd arall o gael y wraig hon i wynebu ei chyflwr.

Llwydda Iesu i wneud hynny drwy ddweud wrth y wraig y pethau hynny amdani ei hun y bu, mae'n debyg, yn awyddus i'w cuddio rhagddo. Bu ganddi bump o wŷr, ac yr oedd bellach yn byw efo dyn nad oedd yn briod ag ef. Nid oedd y rabbiniaid yn cymeradwyo i neb briodi fwy na thair gwaith, a diau i hanes y wraig hon beri i rai edrych arni mewn syndod.

Ond y syndod mawr i'r wraig oedd fod Iesu wedi gofyn cymwynas ganddi ac yntau'n gwybod ei hanes, ac wedi mynd yn ôl adref i Sychar, ni allai lai na sôn am y dyn a ddywedodd wrthi bopeth yr oedd wedi ei wneud (adn. 39).

Diau fod Ioan yma, fel mewn mannau eraill yn ei efengyl, am bwysleisio gwybodaeth oruwchnaturiol Iesu o bersonau arbennig, ond y mae'n amlwg fod y stori hefyd yn pwysleiso gwerth cyfeillgarwch a gonestrwydd a pharodrwydd i dderbyn pobl fel y maent. Dyna sy'n ennill y wraig hon i fod yn dyst i Iesu, a dyna'n ddiau a ennill bobl heddiw i fod yn aelodau o'i eglwys.

Heddiw ceir llawer o gernodio ar or-awydd rhai Cristngoion i bwysleiso maint eu pechod, a diau y gall y fath duedd fod yn fewnblyg ac afiach a hunangyfiawn ar adegau. Ond gall ymwybyddiaeth ein bod yn cael ein derbyn gan Dduw yn union fel ag yr ydym fod hefyd fel awel iach, yn tynnu'n sylw at ei gariad ef. Onid dyna ergyd emyn Morgan Rhys?

Pechadur wyf, O! Arglwydd,
Sy'n curo wrth dy ddôr;
Erioed mae dy drugaredd
Diddiwedd imi'n stor:
Er iti faddau beiau
Rifedi'r tywod mân
Gwn fod dy hen drugaredd
Lawn cymaint ag o'r blaen.

Trafodwch

1. Mae amryw o bobl heddiw yn unig a gwrthodedig, a gwelwyd rhai ohonynt, megis dioddefwyr Aids, yn cael nawdd a chefnogaeth enwogion cyfoes. Sut y gall yr eglwys hybu gofal fel hyn?

2. Clywir llawer o sôn heddiw am hawliau merched ac anghofir yn aml fod agwedd yr Eglwys Fore tuag at wragedd yn chwyldroadol. A fu disgyblion diweddarach yr Arglwydd Iesu yn llai parod nag ef i roi lle teilwng i ferched?

3. Y mae 'cyd-fyw' yn boblogaidd iawn heddiw. Beth ddylai ein hagwedd fel Cristnogion fod tuag at hyn?

Gwers 20: IESU MAB DUW (10.31-39)

Y mae'r Iddewon yn yr adran hon o Efengyl Ioan yn codi cwestiwn y mae'n rhaid i bawb sy'n cymryd y ffydd Gristnogol o ddifri ei ystyried sef; 'Pwy yw Iesu Grist?'. Yn y dair wers flaenorol rydym wedi sylwi ar 'Iesu'r Athro', Iesu'r Meddyg' a 'Iesu Ffrind Pechadur', ond diau y gallai amryw byd o bobl gydnabod Iesu fel athro a meddyg a chyfaill heb ei gydnabod yn fab Duw. Ar yr honiad pellach hwn y mae arbenigrwydd Cristnogaeth yn sefyll, a go brin y gall neb addoli Iesu heb gydnabod gwirionedd y geiriau; 'Myfi a'r Tad un ydym.' (adn. 30).

Dod at Iesu a gofyn am ateb pendant i'w cwestiwn a'i ef oedd y Meseia wnaeth yr Iddewon. Er iddynt fod yn dystion o'i wyrthiau a'i waith yn dysgu'r bobl roeddynt yn dal yn amheus ohono, a hawdd iawn yw cydymdeimlo â'u cais am bendantrwydd ar fater mor bwysig. Ond nid yw Iesu'n cydymffurfio â'u dymuniad ac nid yw'n cynnig iddynt unrhyw brawf pellach o'i natur ddwyfol. Dywed wrthynt i'w weithredoedd dystiolaethu amdano, ond na fu iddynt hwy gredu'r fath dystiolaeth am nad oeddynt yn perthyn i'w braidd.

Y mae'r syniad fod rhai wedi eu dewis i fod yn gredinwyr yn brigo i'r wyneb yn aml iawn yn Efengyl Ioan. Y tu ôl iddo y mae'r ymwybyddiaeth mai rhodd Duw yw ffydd, a go brin y byddai'r un crediniwr yn unman yn anghytuno â hynny. Eto'i gyd, y mae gor-bwysleisio'r syniad fod rhai wedi eu 'dewis' wedi arwain yr eglwys i ddyfroedd dyfnion yn aml iawn, ac yn hytrach na dilyn y llwybr hwnnw, efallai mai gwell fyddai i garedigion yr Ysgol Sul ystyried o ddifrif ergyd beirniadaeth Iesu o'r Iddewon yma.

Gelynion Iesu yw'r Iddewon yn yr efenygl hon, ac fel pobl ystyfnig, unllygeidiog a chul y darlunia Ioan hwy. Gwelir hwy yma'n gofyn am brawf a fydd yn chwalu eu gwrthwynebiad i Iesu, ond y mae'n amlwg o'r Testament Newydd nad yw Duw yn cynnig profion felly, ac y mae yr un mor wir heddiw mai'r unig brawf sydd gennym ni o ddwyfoldeb Crist yw prawf ein perthynas ag ef. Os y deuwn ni ato fel y daeth yr Iddewon hyn, ni fydd i ni gredu ynddo ychwaith; a'r hyn sydd yn peri gofid mawr bellach yw fod oes seciwlar a materol fel ein hoes ni yn rhewi calon ac yn lladd ffydd.

Nid yn ddi-feddwl y dywed Ioan mai'r gaeaf oedd hi pan aeth Iesu i gerdded yng Nghloestr Solomon ar du dwyreiniol y deml (adn. 22). Am awgrymu agwedd yr Iddewon tuag at Iesu yr oedd, ac yn yr un modd yn union awgryma mai'r nos oedd hi pan adawodd Jwdas y Swper Olaf a mynd ymaith i fradychu Iesu (13.30). Efallai hefyd fod eironi pellach yn yr haeriad mai ar adeg dathlu Gŵyl y Cysegru yr heriwyd Iesu i brofi pwy ydoedd. Gŵyl yn coffau ail-gysegru'r deml yn 165 C.C. wedi iddi gael ei halogi gan Antiochus Epiphanes a'r Groegiaid dair blynedd yn gynharach oedd honno, ac fe'i nodweddid gan yr arfer o oleuo lampau a chanhwyllau fel arwydd o lawenydd. Ond caiff Goleuni'r Byd ei wrthod gan yr union bobl a fu wrthi'n goleuo'r lampau a'r canhwyllau hynny, ac ni allwn lai na chofio geiriau Ioan yn ei brolog i'w efengyl; 'Daeth i'w gartref ei hun, ac ni dderbyniodd ei bobl ei hun mohono.' (1.11)

Ond er gwaethaf y gwrthwynebiad a gafodd Iesu, nid yw awduron y Testament Newydd byth yn ymollwng i ddigalondid a hunan dosturi, ac erbyn amser ysgrifennu ei efenygl yr oedd Ioan hefyd wedi bod yn dyst o lwyddiant mawr cenhadaeth yr Eglwys Fore.

Un ochr y geiniog oedd y gwrthwynebiad a gafodd Iesu; yr oedd yr un mor wir hefyd i rai ei dderbyn a'i garu, ac y mae'r un mor bwysig ein bod ni fel Ioan gynt yn cofio hynny. Un o dueddiadau damniol y dyddiau hyn yw'r duedd honno ymysg Cristnogion, a Christnogion o argyhoeddiad yn aml, i fod yn ddigalon wrth sôn am yr Eglwys, fel pe na bai Cristnogaeth bellach yn golygu dim ond dirywiad a digalondid. Noder, fodd bynnag, fod Iesu ei hun yma, wyneb yn wyneb â gwrthwynebiad yr Iddewon, yn taflu ei berthynas ef ei hun a'r credinwyr i ddannedd ei wrthwynebwyr, gan haeru bod llawenydd a diogelwch yn nodweddu bywydau'r rhai sy'n ufuddhau iddo. Adleisio y darlun a geir yn gynharach yn y bennod o Iesu fel y Bugail Da a wneir yn awr, ac y mae natur unigryw y berthynsas rhwng Iesu a'r praidd yn cael ei danlinellu gan y term 'bywyd tragwyddol'. Dyma, yn wir, un o hoff dermau awdur yr efengyl hon, ac o'i ddefnyddio cais Ioan awgrymu fod y bywyd a gysylltai'r Iddedwon â'r oes oedd i ddod eisoes ym meddiant dilynwr Iesu. Yr oedd ef mewn undod perffaith â'r Tad yn rhoi bywyd i'w ddilynwyr. Undod cariad a nodweddid gan ufudd-dod oedd yr undod hwnnw, a dyna sail Ioan dros alw Iesu'n fab Duw; 'Myfi a'r Tad un ydym' (adn. 30). Yr oeddynt yn un o ran ewyllys a gweithgarwch, ac ni flinodd yr Eglwys erioed a chyhoeddi eu bod o'r un natur â'i gilydd.

Trafodwch

1. A yw ystyriaethau diwinyddol megis yr haeriad fod Iesu'n fab Duw yn bwysig heddiw?

2. Y mae yna rywbeth yn ddamniol yn yr agwedd meddwl honno a geisia ddwyn cysur drwy ddweud; 'Mae hi yr un fath ym mhob man.'

3. A ellir cael prawf pendant o ddwyfoldeb Iesu ?

CHWEFROR: CREADIGAETH NEWYDD

Gwers 21: DOD YN GREADIGAETH NEWYDD (Ioan 3.1-8)

Y mae'r sôn am ail-enedigaeth yn britho tudalennau'r Testament Newydd ond ein tuedd yn aml yw peidio cymryd y fath syniad herfeiddiol o ddifri. Y mae yna rywbeth yn ysgytwol yn yr awgrym fod yn rhaid ein newid ni yn llwyr, a go brin y gellir cyfleu aruthredd y newid hwnnw'n well na thrwy ddyfynu geiriau E. Tegla Davies: 'Y mae'r un gwahaniaeth wedi ei wneud ar ddyn i'w droi'n Gristion ag y byddai'n rhaid ei wneud ar rosyn i'w droi'n aderyn.' (Dechrau'r Daith, 1943, t.13).

Dim ond yn Efengyl Ioan yr ymddengys Nicodemus (gw. hefyd 7.50 a 19.39) ac er ei fod yn amlwg yn ŵr o gryn ddysg a dylanwad, yn athro'r Gyfraith, yn Pharisead ac yn aelod o'r Sanhedrin (sef y corff hunanlywodraethol Iddewig a oedd er hynny dan bawen y Rhufeiniaid), eto'i gyd ni lwyddodd ysgolheigion i'w uniaethu â'r un cymeriad adnabyddus a oedd yn byw yn Jerwsalem yng nghyfnod Iesu. Awgrymodd rhai mai prif ddiddordeb Ioan ynddo oedd fel un a gynrychiolai Iddewiaeth ar ei gorau, ac yn wir dywedir iddo gael ei ddenu at Iesu, ond na fu'n fodlon rhoi ei ffydd ynddo a'i ddilyn. Y mae sylw Ioan, sef mai dod at Iesu 'liw nos' a wnaeth, yn gyforiog o ystyr, ac y mae'r cyfeiriad hwn, fel y cyfeiriad at y gaeaf y sylwyd arno yn y wers flaenorol (10.22), yn agored i gael ei ddehongli'n llythrennol ac yn symbolaidd. Ar y naill law rhaid cofio mai 'liw nos' wedi i wres y dydd fynd heibio y byddai rabbi Iddewig yn arfer astudio a thrafod y Gyfraith, ond mae'n debyg hefyd nad oedd Nicodemus am arddel perthynas â Iesu'n gyhoeddus, ac yn sicr y mae'r tywyllwch yn cael ei gysylltu yn yr efengyl hon â diffyg ffydd a drygioni (cf 13.30). O ganol nos ysbrydol y daeth Nicodemus at Iesu, ac er i'w chwilfrydedd gael ei danio gan yr arwyddion, ac iddo ddod i'r golau, yr awgrym yw iddo ddychwelyd i'r tywyllwch.

Ond yr oedd sgwrs Iesu a Nicodemus, yn ogystal â bod yn rhybudd rhag diffyg ffydd, hefyd yn gyfle i awdur Efengyl Ioan i gofnodi ac esbonio rhai syniadau a ddaeth yn amlwg yn yr Eglwys Fore. Erbyn cyfnod ysgrifennu'r efengyl hon yr oedd y bedydd Cristnogol yn rhan amlwg o fywyd y credinwyr, ac yn y sgwrs rhwng Iesu a Nicodemus awgrymir rhywbeth o arwyddocâd y bedydd Cristnogol; 'Oni chaiff dyn ei eni o'r neywdd ni all weld teyrnas Dduw' (adn.3). Fel Iddew da fe fyddai Nicodemus eisoes yn edrych ymlaen at ddyfodiad Teyrnas Dduw, ac fel Pharisead doeth fe fyddai'n credu hefyd bod dyn drwy gadw holl orchmynion y Gyfraith yn gosod ei hun dan deyrnasiad Duw. Yn sicr, yr oedd ef ei hun yn berson a ddymunai fyw y bywyd gorau, a chaiff ei ddrysu'n llwyr gan honiad Iesu fod yn rhaid ei ail-eni 'o'r newydd' neu 'oddi uchod' os oedd am fod yn un o ddeiliaid y Deyrnas. Y mae'r fath gamddealltwriaeth, fel y gwelsom yn hanes Iesu a'r wraig o Samaria, yn ddyfais lenyddol a ddefnyddir gan Ioan i roi cyfle iddo esbonio dysgeidiaeth Crist ymhellach, ac yn awr cawn ef yn rhoi ergyd i'r rhai hynny o aelodau'r Eglwys Fore a gredai fod y bedydd Cristnogol yn ddim mwy na throchfa mewn dŵr, a bod y drochfa honno ohoni ei hun yn dwyn adnewyddiad neu ailenedigaeth. Na, meddai Ioan; 'Oni chaiff dyn ei eni o ddŵr a'r Ysbryd ni all fynd i mewn i deyrnas Dduw.'

Ni ddwg unrhyw weithgarwch dynol, megis gwaith Ioan Fedyddiwr yn bedyddio ei ddilynwyr â dŵr fel arwydd o'u hedifeirwch, unrhyw adnewyddiad ysbrydol er i ni efallai ei ddymuno. Rhaid i'r Ysbryd Glân ei hun ymyrryd ym mywydau'r credinwyr ac y mae'r Ysbryd, fel y gwynt, yn gyfan gwbl y tu allan i reolaeth dyn ond yn amlwg iawn ei effeithiau.

Anghofio lle canolog yr Ysbryd Glân ym mywyd yr Eglwys a chredu mai digon mynd drwy'r ddefod o fedyddio fu bai mawr rhai o aelodau'r Eglwys Fore fe ellid tybio, ac y mae'r un bai yn aml yn ein nodweddu ninnau. Dyna sy'n cyfrif am ein hanobaith y dyddiau hyn, y gred fod dyfodol Cristnogaeth yn dibynnu ar ein hymdrechion ni'n unig, er mai partneriaid â Duw ydym mewn gwirionedd. Yn yr Hen Destament un o nodweddion amlycaf gweithgarwch yr Ysbryd yw bywyd, megis yng ngweledigaeth Eseciel o'r esgyrn sychion (Eseciel 37), ac y mae'n werth cofio mai hoff derm Ioan i ddisgrifio bywyd dan ddylanwad yr Ysbryd Glân yw 'bywyd tragwyddol'. Dywed dro ar ôl tro fod y bywyd hwnnw o fewn cyrraedd dilynwyr Iesu yn y byd hwn, ac y mae ei ddefnydd o'r term 'bywyd tragwyddol' yn cyfateb i ddefnydd yr efengylau cyfolwg o'r term Teyrnas Dduw. Yn y drafodaeth hon yn unig y cyfeiria Ioan at Deyrnas Dduw, ond y mae'n werth sylwi mai union ddiffyg Nicodemus yw hwnnw y rhybuddia Iesu yn ei erbyn yn Efengyl Mathew; 'Yn wir, rwy'n dweud wrthych, heb gymryd eich troi a dod fel plant, nid ewch fyth i mewn i deyrnas nefoedd.' (18.3)

Trafodwch

1. A ydych yn credu mewn ailenedigaeth, ac ym mha fodd tybed y digwydd?

2. Ni fyddai neb yn amau fod Nicodemus yn ddyn da. A oes rhagor rhwng dyn da a Christion?

3. Beth a ellir ei wneud i atgoffa Cristnogion heddiw eu bod yn bartneriaid â Duw yng ngwaith yr efengyl?

4. A fu i chi erioed brofi dylanwad yr Ysbryd Glân mewn ffordd bendant neu ddramatig?

Gwers 22: WEDI'N CREU I BWRPAS (3.9-21)

'Sut y gall hyn fod?' yw geiriau olaf Nicodemus wrth Iesu Grist, ac y mae'r traethiad sy'n dilyn yn ymgais gan awdur yr efengyl hon i ateb y cwestiwn hwnnw. Fe gawn Ioan yn aml iawn yn gosod areithiau hirfaith yng ngenau Iesu, gan eu defnyddio i annerch aelodau'r Eglwys Fore a gosod ger eu bron y ddiwinyddiaeth ddiweddaraf. Dyna, yn wir, a wna yn awr, ac erbyn diwedd yr araith y mae wedi hen anghofio am Nicodemus, ac wedi troi i siarad â'i ddarllenwyr a'i wrandawyr. Onid oeddynt hwythau am wybod 'Sut y gall hyn fod?' ac onid oedd yn rhaid eu hargyhoeddi mai camwri mwyaf Nicodemus a'i debyg oedd gwrthod Iesu Grist.

Y mae cwestiwn Iesu i Nicodemus (adn. 10) yn adlewyrchu cred yr Eglwys Fore fod y cyfan a bregethwyd gan Iesu eisoes wedi ei fynegi yn y Gyfraith Iddewig, ac y dylai athro dysgedig fel Nicodemus fod wedi sylweddoli hynny a chroesawu ei neges. Ond ni chredodd yr Iddewon hyd yn oed dystiolaeth y rhai a ddaeth dan ddylanwad yr Ysbryd Glân yn nyddiau'r Eglwys Fore(adn. 11), ac os na fu tystiolaeth rhai felly yn ddigon i'w hargyhoeddi ofer fyddai i neb sôn wrthynt yn uniongyrchol am ddirgelion ysbrydol bywyd y nefoedd. Parhau'n ystyfnig ac unllygeidiog a wnaent, ac y mae min ar eiriau Ioan wrth iddo sôn am ddatguddiad.

Dywed na fu i'r un person meidrol esgyn i'r nef i ddarganfod y gwirionedd am Dduw yn uniongyrchol drosto'i hunan. Yn hytrach, fe ddatguddiwyd y gwirionedd hwnnw i'r byd gan Iesu Grist, Mab y Dyn, sef yr un a fu, yn ôl y prolog i'r efengyl hon, 'ym mynwes y Tad' ac 'a'i gwnaeth yn hysbys' (1.18).

Iesu Grist ei hun oedd yr ateb i gwestiwn Nicodemus felly. Drwyddo ef y cai'r credinwyr eu haileni i fywyd tragwyddol, ac er mwyn tanlinellu hynny y mae Ioan yn cyfeirio at stori ryfedd y pla o seirff gwenwynig a fu'n poeni'r Iddewon yn ystod yr exodus o'r Aifft. Y mae'r stori honno ar gof a chadw o hyd yn Llyfr Numeri (21.4-9) ac fe ellir dychmygu y bu hi'n stori boblogaidd iawn ymysg yr Iddewon am ei bod yn enghraifft wiw o ofal a chariad Duw.

Yn ystod taith yr anialwch, meddid, fe anfonodd Duw bla o seirff gwenwynig i boeni'r Israeliaid, 'gan iddynt fod yn anniddig ar y daith a siarad yn erbyn Duw a Moses'. Brathwyd amryw o'r Israeliaid gan y seirff hyn a buont farw, ond wedi i'r bobl edifarhau a pheri i Moses weddio drostynt gerbron yr Arglwydd, dangosodd Duw iddynt ffordd ymwared. Gorchmynodd i Moses wneud sarff bres a'i gosod ar bolyn uwchben y gwersyll, fel y gallai pob un a gai ei frathu gan sarff wenwynig edrych ar hon a chael meddyginiaeth. Dyrchafu'r sarff bres, sef ei chodi i fyny'n uchel, a wnaeth Moses, ac yn Efengyl Ioan daeth y term 'dyrchafu' yn gyfystyr â 'chroeshoelio' neu 'ogoneddu'. Wrth i Iesu gael ei ddyrchafu ar groes yr amlygwyd ei ogoniant, a dywed Ioan y dwg y Crist croeshoeliedig achubiaeth i'w ddilynwyr, yr un fath yn union ac y dygodd y sarff bres a godwyd ar bolyn yn yr anialwch waredigaeth i'r rhai a edrychai arni.

Yn dilyn yr eglureb hon fe gawn un o'r adnodau mwyaf cyforiog o ystyr yn y Testament Newydd i gyd. Crynhoir holl neges yr efengyl mewn un frawddeg wrth i Ioan droi ei olygon oddi wrth ddatguddiad at farn. Er i'r byd ymddieithrio a throi cefn ar Dduw, ni throdd Duw ei gefn ar ei greadigaeth, a'i gariad ef tuag at rai nad oeddynt yn haeddu cael eu caru oedd sail yr Ymgnawdoliad. Ymdrechodd Iesu i gadw'r byd rhag mynd i ddistryw, ond ymddengys na lwydda ef hyd yn oed i wneud hynny oni chaiff ymateb i'w gariad. Heb ymateb o du dynion try'r cariad dwyfol yn farn, a'r hyn a olygir yma wrth 'farn' yw fod y sawl sy'n gwrthod goleuni cariad Duw yn ei gondemnio ei hun i fyw yn y tywyllwch. Yn ôl eu hymateb i berson a gwaith Crist y bernir dynion, yn ôl Ioan, ac er efallai fod rhywbeth braidd yn anuniongyrchol yn y syniad hwn o farn y mae pobl yn ei dwyn arnynt eu hunain nid yw Ioan yn esgusodi'r fath ymateb am funud.

Am un rheswm yn unig y mae pobl yn cilio oddi wrth y goleuni, meddai, sef am fod y goleuni yn datguddio eu natur lygredig, ac nad ydynt yn fodlon cymryd eu newid. Y mae'n haws i ni bob amser gyfiawnhau ein hunain na newid ein safbwynt, gan fod newid yn aml yn golygu ymdrech a hunan ymwadu ac efallai ddioddef; ond cyhyd ag y parhawn i sefyll yn y tywyllwch fe allwn ddal ati fel cynt yn gwbl ddiogel allan o gyrraedd llewyrch y goleuni.

A sylwn fel y mae Ioan hefyd yn haeru mai 'gwneud y gwirionedd' wna'r rhai sy'n dod i ddilyn Iesu. I'r Groegwr rhywbeth i'w ganfod oedd gwirionedd ond i'r Iddew rhywbeth i'w fyw ydoedd, a'r hyn sydd gan Ioan mewn golwg yn awr yw bywyd gwir Gristnogol llawn ffydd ac ymddiriedaeth. Byw bywyd felly oedd gwir bwrpas bodolaeth dyn yn ôl Charles Wesley yntau;

Fe'm galwyd gan fy Nuw
I wasanaethu f'oes;
Boed i'm ymroi i'r gwaith a byw
I'r Gŵr fu ar y groes.

Trafodwch

1. Beth yw eich syniad chwi o farn, ac a yw Ioan yma'n gwneud cyfiawnder â'r awydd sydd ynom i weld y drwg yn cael ei gosbi?

2. Ym mha fodd y mae Iesu'n goleuo ein bywyd gan amlygu ein ffaeleddau?

3. Beth dybiwch yw cred gyffredin yr oes am amcan bywyd, ac i ba raddau y mae'n cyd-daro â'r hyn a ddysgwyd gan Iesu?

Gwers 23: MARWOLAETH A BYWYD NEWYDD (11.17-27)

Ymdrin â rhan yn unig o hanes Iesu'n atgyfodi Lasarus a wnawn yn y wers hon. Dyma'r 'arwydd' neu'r wyrth olaf o eiddo Iesu a gofnodir gan Ioan, a hon yn sicr yw'r fwyaf o'r cwbl. Ceir yn yr efengylau cyfolwg hefyd ddau hanesyn am Iesu'n codi pobl o farw'n fyw, sef merch Jairus (Mc 5.21-43) a mab y wraig weddw o Nain (Lc. 7.11-17), ond nid yw'r un o'r efengylau eraill yn cyfeirio at atgyfodiad Lasarus, er y crybwyllir mai ym Methania, y pentref lle yr oedd Mair a Martha a Lasarus yn byw, y bu Iesu'n aros yn ystod ei ymweliad olaf â Jerwsalem. Gwelir hefyd y cyfeiria Luc (10.38-42) at y ddwy chwaer er nad yw yn eu cysylltu â Bethania nac â Lasarus. O'r herwydd y mae'n rhaid gofyn pam y bu i awduron yr efengylau cyfolwg, os y gwyddent am hanes atgyfodi Lasarus, ei hepgor o'u gweithiau?

Awgrym rhai ysgolheigion yw mai llunio'r hanes hwn ar sail dameg Y Dyn Cyfoethog a Lasarus a gofnodwyd yn Efengyl Luc (16.19-31) a wnaeth Ioan; dameg sy'n awgrymu na fyddai atgyfodiad Lasarus, y dyn tlawd, yn peri i'r bobl edifarhau. Yma yn Efengyl Ioan, fodd bynnag, pwysleisir ffydd Martha yn Iesu a bod llawer o'r Iddewon a welodd yr arwydd wedi credu ynddo hefyd. Bwriad Ioan yn amlwg wrth gofnodi'r hanes oedd dangos y gallai Iesu roi bywyd i'r rhai a oedd yn credu ynddo. Efallai'n wir mai ar sail dameg y lluniodd y stori, neu efallai iddo bwyso ar draddodiad nad oedd ar gael i awduron yr efengylau cyfolwg; beth bynnag y gwir, cawn ganddo enghraifft ddramatig o'r geiriau a gofnodwyd yn gynharach yn yr efengyl; 'Oherwydd fel y mae'r Tad yn codi'r meirw ac yn rhoi bywyd iddynt, felly hefyd y mae'r Mab yntau yn rhoi bywyd i'r sawl a fyn.' (5.21)

Fe oedodd Iesu am ddau ddiwrnod wedi iddo glywed fod Lasarus yn wael cyn dod i'w gynorthwyo, a hynny, meddid, er mwyn defnyddio'r amgylchiad i ddangos gogoniant Duw. Erbyn iddo gyrraedd Bethania yr oedd Lasarus eisoes yn ei fedd ers pedwar diwrnod, ac amryw o berthnasau a chymdogion y teulu bach wedi crynhoi yn y ty i gysuro Mair a Martha. Doedd dim rhyfedd yn y byd, felly, i Martha, pan welodd Iesu'n dod i'r golwg, fynd allan i'w gyfarfod ac edliw iddo na fuasai ei brawd wedi marw pe buasai ef wedi bod yno! Eto'i gyd, meddai, byddai Duw'n sicr o wrando ar unrhyw gais a wnai Iesu iddo, a chawn yr argraff ei bod o hyd yn disgwyl cymorth gan Iesu, er na wyddai'n iawn pa fath o gymorth yn union y gobeithiai amdano. At gred y Phariseaid mewn atgyfodiad ar ddiwedd amser y gwibiodd ei meddwl pan awgrymodd Iesu wrthi yr atgyfodai Lasarus yntau, a bu'n rhaid iddo ei hargyhoeddi a geiriau plaen: 'Myfi yw'r atyfodiad a'r bywyd.'

Fel y gwelsom o'r blaen yn Efengyl Ioan, y mae i'r negeseuon a gyflwyna Iesu amdano'i hun â'r geiriau 'Myfi yw' arwyddocâd arbennig iawn yn yr efengyl hon. Cyfleu rhywbeth am natur ddwyfol Iesu a wnant, ac yn awr dywed Ioan fod Iesu'n gallu rhoi bywyd tragwyddol. Ac nid bywyd i ddod ar ddiwedd amser yn unig oedd y bywyd hwnnw ychwaith, ond bywyd a oedd yn eiddo'r credinwyr eisoes drwy ffydd yn Iesu Grist. Yr oedd y credinwr wedi symud megis o farwolaeth i fywyd, ac er y gwyddai y byddai'n rhaid i bawb farw haera Ioan y try marwolaeth yn ddrws i fywyd yn hanes y credadyn, ac yn borth i gyflawniad o'r bywyd newydd yng Nghrist a brofwyd ganddo eisoes.

Uchafbwynt yr adran hon yn ddi-os yw cyffes Martha, sy'n datguddio y ffydd a oedd ganddi hyd yn oed cyn iddi weld ei brawd yn cael ei atgyfodi; 'yr wyf fi'n credu mai tydi yw'r Meseia, Mab Duw, yr Un sy'n dod i'r byd' (adn. 27). Dyma'n sicr y math uchaf o ffydd y gallai awdur Efengyl Ioan ei ddychmygu, sef ffydd a oedd yn ddibynnol nid ar unrhyw brawf allanol o ddwyfoldeb Crist, ond ar berthynas y credadun â Christ.

Ac eto er ei fod yn pwysleisio fod Iesu'n rhoi bywyd, a bod derbyn y bywyd hwnnw'n ddibynnol ar ffydd, nid yw Ioan yn anghofio mai'r groes fu cyfrwng dod a bywyd i ddynion. Drwy roi ei fywyd ei hun ar y groes y rhoddodd Iesu fywyd i'w ddilynwyr, ac y mae'n bwysig sylwi fod ymwybyddiaeth Ioan o hynny'n cael ei adlewyrchu yn hanes cyfodi Lasarus o'r bedd. Oherwydd dywed Ioan mai effaith yr arwydd hwn ar y bobol a barodd i'r Sanhedrin benderfynu lladd Iesu. Wrth atgyfodi ei gyfaill dedfrydodd Iesu ei hun i farwolaeth, ac yn yr un modd yn union golygodd y gwaith o ddod a bywyd i'r byd groes a dioddefaint a marwolaeth.

Efallai mai'r gamp i lawer iawn ohonom ni bellach yw ail-ddarganfod lle canolog y groes, a dod yn ymwybodol o'i harwyddocad, ac ennill y profiad a fynegwyd mor groyw gan John Browning yn yr emwyn a gyfieithwyd gan J. D. Vernon Lewis:

Yn y groes 'r wy'n gorfoleddu
Croes goruwch adfeilion byd,
Holl oleuni'r sanctaidd stori
Arni a grynhoir ynghyd.

Trafodwch

1. Dim ond drwy berthynas â Iesu y ceir bywyd. A gytunwch?

2. Sut y byddwch yn meddwl am fywyd y byd a ddaw neu atgyfodiad y corff? A oes ryw ddelweddau hwylus y gellir eu defnyddio i egluro'r athrawiaeth hon heddiw?

3. Os mai perthynas y credadun â Christ yw'r allwedd i ffydd, sut y mae meithrin y berthynas honno'n fwy effeithiol?

Gwers 24: TRISTWCH YN TROI'N LLAWENYDD (16.16-22)

Ceir adran bur faith o Efengyl Ioan a adweinir gan ysgolheigion fel yr Ymddiddanion Ffarwel (13.31-16.33), lle y mae Iesu drwy gyfrwng areithiau hir yn paratoi'r disgyblion ar gyfer ei ymadawiad oddi wrthynt a'i ddychweliad atynt drachefn. Wedi cofnodi hanes y pryd bwyd a gynhaliwyd ar drothwy gŵyl y Pasg pan y bu i Iesu olchi traed y disgyblion a rhagfynegi ei fradychu, ac wedi nodi fel y bu i Jwdas ymadael â'r cwmni a diflannu i'r nos, aiff Ioan rhagddo i ddarlunio Iesu'n dysgu a chynghori'r disgyblion am y tro olaf. Ond er ei fod bellach ar drothwy'r dioddefaint y gwyddai na allai ei osgoi, nodyn buddugoliaeth a drewir gan Iesu yn yr areithiau hyn. Wedi cyflwyno i'w ddisgyblion y gorchymyn newydd i garu ei gilydd, ac wedi rhagfynegi gwadiad Pedr, aiff rhagddo i sôn amdano'i hun fel y Ffordd at y Tad a'r Wir Winwydden, a dywed wrth ei ddisgyblion am ddyfodiad yr Ysbryd Glân a'i weithgarwch ymhlith y credinwyr pan fydd ef wedi 'mynd ymaith'.

Nid anwybyddu yr hyn a oedd ar fin digwydd iddo wnaeth Iesu, ac ni cheisiodd gelu'r gwir oddi wrth ei ddisgyblion ychwaith, ond yn hytrach ceisiodd ddangos iddynt hwy y modd y gallai tristwch droi'n llawenydd. Synhwyrodd eu dryswch a'u hamheuon wrth iddynt fân siarad ymhlith ei gilydd, a manteisiodd ar y cyfle olaf hwn i esbonio nad croes a marwolaeth fyddai diwedd ei weinidogaeth ef.

I wneud hynny cydiodd Iesu mewn delwedd o fyd geni plant. Fel y bydd gwraig wedi dioddef poenau enbyd wrth roi genedigaeth i'w phlentyn yn anghofio'r poenau hynny'n fuan o weld ei phlentyn newydd-anedig, felly y byddai'r disgyblion hefyd, wedi 'ychydig amser' o ofid a thristwch, yn profi llawenydd mawr. Yn ôl rhai esbonwyr y cyfnod rhwng y groes a'r atgyfodiad oedd gan Iesu mewn golwg wrth gyfeirio at yr 'ychydig amser' pryd na allai ei ddisgyblion ei weld ef ddim mwy. Dygai'r cyfnod hwnnw lawenydd i'w wrthwynebwyr a fyddai'n llawenhau oherwydd ei farw ef. Ond dygai ei ymddangosiadau wedi'r atgyfodiad lawenydd i'w ddisgyblion drachefn.

Dyna ystyr y ddelwedd a ddefnyddia Iesu ar yr olwg gyntaf, ond yr oedd ynghlwm wrthi hefyd ystyr dyfnach na hynny, oherwydd arferai'r Iddewon gyfeirio at drallod a dioddefaint 'dydd yr Arglwydd', sef y dydd a ragflaenai ddyfodiad Teyrnas Dduw ar ddiwedd amser, fel 'poenau esgor y Meseia'. Er mai ei groes ei hun a'r boen a ddygai honno i'w gyfeillion oedd flaenaf ym meddwl Iesu, mae'n sicr i ddarllenwyr cyntaf yr efengyl ganfod yma hefyd gyfeiriad at ei ail-ddyfodiad pryd y ceid nef newydd a daear newydd.

Gwelsom o'r wers flaenorol mai drwy wewyr y groes y daeth bywyd i'r byd, yn ôl Ioan, ac nid yw byth yn blino ein rhybuddio mai drwy wewyr ffydd ac amheuaeth, ufudd-dod a dyfalbarhad y daw bywyd i unigolion hefyd. Troi tristwch yn lawenydd wna Iesu, ac y mae'r llawenydd, am iddo darddu o dristwch, yn lawenydd parhaol, 'ac ni chaiff neb ddwyn eich llawenydd oddi arnoch' (adn. 22).

Gyda'r llawenydd fe ddaw dealltwriaeth newydd ac ni fydd yn rhaid i'r disgyblion holi Iesu mwyach. Yn ystod ei weinidogaeth ddaearol diffyg crebwyll a dealltwriaeth a'i nodweddai hwy'n aml, ond gyda dyfodiad yr Ysbryd Glân fe gaent eu harwain 'yn yr holl wirionedd' (16.13). Byddai eu llawenydd o'r diwedd yn barhaol a chyflawn, a'r berthynas rhyngddynt a'r Tad gyfryw fel y cai pob cais a ddygent ato yn enw Iesu Grist ei ganiatau.

Hyd yn hyn nid oedd y disgyblion wedi gweddïo yn enw Iesu; perthyn i gyfnod yr Eglwys Fore pryd y byddai Iesu wedi esgyn at y Tad yr oedd gweddïau felly. Ac nid awgryma Ioan yma ychwaith y byddai pa gais bynnag a ddygid at Dduw yn enw Iesu yn cael ei dderbyn. Na, yr hyn a bwysleisia yw y bydd cais y disgybl ufudd bob amser yn gydnaws ag ewyllys y Tad, ac mai hynny a sicrha iddo wrandawiad ac ymateb. I Ioan ufudd-dod yn anad dim byd arall oedd nodwedd fawr y bywyd Cristnogol, ac o fod yn ufudd a ffyddlon fe allai'r credadun godi uwchlaw ei amgylchiadau a phrofi yn ei fywyd ei hun y gorfoledd a ddaw pan dry tristwch yn lawenydd. Meddai Pantycelyn yntau;

Fe'm ganwyd i lawenydd uwch
Nag sy 'mhleserau'r llawr,
I gariad dwyfol, gwleddoedd pur
Angylion nefoedd fawr.

Trafodwch

1. Awgrymodd y diwinydd Rudolf Bultmann mai bywyd y nef yn unig a nodweddir gan ddiffyg cwestiynau. A fydd y credadun yn siwr o gael ei boeni gan ryw gwestiynau neu gilydd ar hyd ei oes?

2. Mewn oes pryd y mae pawb eisiau popeth da ar amrantiad y mae'r syniad o ennill drwy ddioddef neu lawenhau wedi poen yn anealladwy.

3. A ninnau ar drothwy milflwyddiant newydd a gredwch fod syniadau am ddiwedd y byd yn cydio yn nychymyg pobl unwaith eto?

4. Ein methiant mawr yw'n methiant i fod yn ufudd.

MAWRTH: CANLYN IESU

Gwers 25: GALW'R DISGYBLION
(Ioan 1. 35-51)

Mae'r Eglwys wedi ei ffurfio o bobl sy'n dymuno dilyn Iesu, ac y maent oll mewn rhyw fodd neu gilydd wedi eu galw ganddo. Ni fyddwn fel rheol yn arfer sôn am rai wedi cael 'galwad' i ddilyn Crist ond yn achos gweinidogion ac offeiriaid, ond camgymeriad mawr yw hynny, ac y mae'r fath amhendantrwydd yn cyfrannu tuag at ddifaterwch cymaint o Gristnogion heddiw. I fod yn eofn a brwdfrydig rhaid bod yn sicr o'r alwad, ac fe all honno ddod drwy lawer ffurf a chyfrwng.

Ym mhennod gyntaf Efengyl Ioan fe gawn hanes galw'r disgyblion cyntaf, a'r hyn a nodwedda alwad pob un ohonynt yw iddynt oll ddod wyneb yn wyneb â Iesu Grist. Ioan Fedyddiwr sy'n cyflwyno'r ddau gyntaf i Iesu, a'i ddisgyblion ef ei hun oeddynt, ond o glywed eu hathro yn cyhoeddi mai Iesu oedd 'Oen Duw' (adn. 36) aethant ill dau i'w ddilyn, ac ni allwn lai na synnu at fawrfrydigrwydd Ioan Fedyddiwr yn cymell dau o'i ddisgyblion ei hun i ddilyn Iesu.

O gael eu bod yn ei ddilyn cwestiwn cyntaf Iesu i'r ddau hyn oedd, 'Beth yr ydych yn ei geisio?' (adn. 38) ac ni allwn lai na chofio am yr hyn a ddywed Iesu yn Efengyl Mathew wrth yr ysgrifennydd hwnnw a ddymunodd ei ganlyn; 'Y mae gan y llwynogod ffeuau, a chan adar yr awyr nythod, ond gan Fab y Dyn nid oes lle i roi ei ben i lawr.' (8.20, cf Lc. 9.58)

Eto'i gyd, y mae'r ddau ddisgybl yma'n holi Iesu ynghylch ble yr oedd yn aros, ac y mae i'r gair 'aros' ystyr arbennig iawn yn Efengyl Ioan pan gaiff ei ddefnyddio mewn cysylltiad â Iesu Grist. Golyga nid yn unig wrando ar ei ddysgeidiaeth a dod i berthynas ag ef, ond ar ryw ystyr golyga ddod yn un ag ef hefyd, ac y mae'r undod sydd rhwng y Tad a'r Mab, a'r Mab a'r disgyblion yn nodweddu'r efengyl hon drwyddi.

Wedi aros gweddill y dydd gyda Iesu fe aeth un o'r ddau ddisgybl cyntaf i nôl ei frawd Seimon i'r cwmni; gan ei syfrdanu mae'n siwr â'r geiriau 'Yr ydym wedi darganfod y Meseia' (adn. 41).

Yn ôl Efengyl Marc yn araf iawn a thros gyfnod pur faith o amser y daeth y disgyblion i sylweddoli pwy oedd Iesu, ac yna fe gânt eu rhybuddio i gadw hynny'n gyfrinach (Mc. 8.30). Ond yn Efengyl Ioan defnyddir y teitlau Mab Duw, Oen Duw, Meseia, Brenin Israel a Mab y Dyn am Iesu o'r dechrau, a rhaid cofio fod Ioan yn ysgrifennu ar gyfer yr Eglwys Fore a oedd eisoes wedi sylweddoli fod Iesu'n Grist (Groeg) neu Feseia (Hebraeg). Ystyr y teitl boed mewn Groeg neu Hebraeg yw un wedi ei eneinio, sef ei neilltuo gan Dduw i waith arbennig; ac yr oedd yr holl Iddewon, ar wahân i'r Saduceaid, yn credu'r ddysgeidiaeth am ddyfodiad y Meseia a'r Oes Feseianaidd pryd y byddai Duw yn tywallt ei ysbryd ar ddynion. Barn yr Eglwys Fore, fodd bynnag, oedd i hynny ddigwydd eisoes gyd dyfodiad Iesu Grist, ac o'r herwydd y mae yna arwyddocâd neilltuol i eiriau Andreas yma.

Pan ddaeth Simon at Iesu rhoddodd ef iddo enw newydd a'i alw'n Ceffas sy'n air Aramaeg yn golygu craig neu garreg. Nid yw Ioan yn awgrymu pam y caiff Simon yr enw newydd hwn er fod Mathew yn awgrymu iddo'i gael am mai ef fyddai carreg sylfaen yr Eglwys (16.18). Gwyddom, fodd bynnag, fod enw newydd yn golygu perthynas newydd i awduron y Beibl ac y mae Pedr yma'n cael enw newydd gan Iesu am ei fod wedi dod i berthynas fywiol ag ef. Ar gyfer darllenwyr Groegaidd yr efengyl y cyfieitha Ioan Ceffas yn Pedr, a'r enw Groegaidd a gydiodd wrth Simon - Simon Pedr fu ef i bawb ohonom byth wedyn.

Yn dilyn hanes galwad Pedr cawn hanes dau arall o'r disgyblion yn cael eu galw gan Iesu, er bod y stori'n symud yn awr i'r gogledd i Galilea. Yno y galwyd Philip, ac er y dywedir wrthym mai gŵr o Bethsaida ydoedd, dengys ei enw Groeg pa mor bell yr oedd y diwylliant Groegaidd wedi treiddio i Galilea. Daw i ganlyn Iesu ar ei union, ac nid rhyfedd hynny o gofio'r pendantrwydd di-gyfaddawd oedd yn y gorchymyn a gafodd; 'Canlyn fi' (adn 43).

Fel Andreas y mae Philip hefyd yn mynd i chwilio am rywun arall i'w ddwyn at Iesu, ac un o ddibenion yr adran hon o Efengyl Ioan, mae'n debyg, oedd pwysleisio wrth aelodau'r Eglwys Fore eu dyletswydd fel credinwyr i ddwyn rhai eraill at Grist i fod yn ddisgyblion iddo.

Y mae disgrifiad Philip o Iesu yn wahanol i'r un a gafwyd eisoes gan Andreas; nid dweud ei fod wedi canfod y Meseia a wna ef ond ei fod yn hytrach wedi dod o hyd i'r un 'yr ysgrifennodd Moses yn y

Gyfraith amdano a'r proffwydi hefyd, sef, Iesu fab Joseff o Nasareth' (adn. 45).

Credai'r Eglwys Fore fod yr holl broffwydi wedi rhagddweud y newydd am ddyfodiad Crist, ond y mae'n ddiddorol sylwi hefyd i'r Iddewon haeru mai 'mab Joseff' ydoedd Iesu er mwyn gwrthbrofi ei ddwyfoldeb (6.42). Eto'i gyd, nid oes raid amau nad oedd Ioan yn derbyn y traddodiad am yr enedigaeth wyrthiol, gan gredu nad 'mab' Joseff oedd Iesu o gwbl.

O gyfarfod Nathanael y mae Iesu yn ei adnabod ar unwaith fel 'Israeliad gwerth yr enw, heb ddim twyll ynddo' (adn. 47). Gwelsom eisoes yn hanes y Wraig o Samaria fod gan Iesu wybodaeth oruwchnaturiol o gymeriadau yn yr efengyl hon (gw. 4.29, cf 1,42, 2.25) ac yn awr mynn ddarlunio Nathanael fel y math newydd o Israeliad. Bu iddo ei ganfod, meddai, cyn i Philip alw arno, tra yr oedd o hyd yn eistedd dan y ffigysbren, a rhaid cofio fod y ffigysbren i'r Iddew yn arwydd o heddwch ac yn symbol o Israel yn yr Hen Destament. Dan y ffigysbren, yn ôl y ddelfryd boblogaidd, y byddai'r Iddew cydwybodol yn eistedd i astudio'r Gyfraith, ac y mae'r disgrifiad o Nathanael fel un 'heb ddim twyll ynddo' yn ein hatgoffa o gymeriad arall yn yr Hen Destament; Jacob, yr un a dwyllodd ei frawd Esau ac a gipiodd yr enedigaeth fraint oddi arno cyn dod i berthynas newydd â Duw a chael enw newydd sef Israel (gw. Gen. 32.28).

Y mae addewid Iesu i Nathanael sef y gwelai 'y nef wedi agor, ac angylion Duw yn esgyn ac yn disgyn ar Fab y Dyn' (adn. 51) hefyd yn gysylltiad pellach â hanes Jacob gan iddo yntau tra'n cysgu ym Methel gael gweledigaeth o angylion Duw yn dringo ac yn disgyn ar hyd yr ysgol nefol (Gen. 28.12).

Er gwaethaf y ffaith i'w ffydd gael ei sylfaenu i ddechrau ar wybodaeth oruwchnaturiol Iesu ohono, ac er gwaethaf dirmyg amlwg ei gwestiwn rhyfedd, 'A all dim da ddod o Nasaraeth?' gellir tybio i Nathanael ddod yn ddisgybl da i Iesu Grist. Efallai mai'r gred mai o Fethlehem y deuai'r Meseia oedd y tu ôl i'w gwestiwn dirmygus, neu o bosibl bu i'r gred y byddai'r Meseia'n cyflawni amrywiol broffwydoliaethau am Jerwsalem liwio'i feddwl (cf 7.41, 52). Ond ta waeth am hynny ni fu'n gaeth i'w ragfarn, ac yr oedd ystyr ei enw'n siwr o fod yn arwyddocaol yng ngolwg Ioan. Ystyr Nathanael yw 'y mae Duw wedi rhoddi' ac y mae'r efengyl hon yn pwysleisio mai'r disgyblion yw'r rhai a roddwyd gan Dduw y Tad i Iesu Grist y Mab. Er chwilio'r efengylau cyfolwg ni ddeuwn ar draws cyfeiriad at Nathanael yn rhestri'r disgyblion yno, a gellir casglu mai'r un ydoedd a Bartholomeus sy'n ymddangos yn y rhestri hynny.

Trafodwch

1. Beth a dybiwch chwi yw 'galwad', ac ym mha fodd tybed y mae Duw yn galw pobl heddiw?

2. Camp Philip ac Andreas oedd dod ag eraill wyneb yn wyneb â Iesu. Sut y gallwn ni wneud hynny?

3. Os mai'r darlun delfrydol o'r Iddew cydwybodol oedd hwnnw o un yn astudio'r Gyfraith mewn heddwch yn ei gynefin ei hun, beth tybed yw'r darlun delfrydol sydd gennym ni o'r Cristion heddiw?

Gwers 26: YN DIODDEF OND YN DAL ATI (16.25-33)

Ar derfyn yr Ymddiddanion Ffarwel cawn Iesu unwaith eto'n ceisio argyhoeddi ei ddisgyblion o'r hyn a oedd ar fin digwydd iddynt. Anwybodaeth a diffyg dealltwriaeth yw eu gelyn mawr o hyd ac y mae'n amlwg i Iesu na fu iddynt ddeall y pethau y ceisiodd ef eu cyfleu iddynt 'ar ddamhegion', sef drwy gyfrwng iaith symbolaidd a ffigurol. Yn y man, fodd bynnag, wedi'r groes a'r atgyfodiad, nid iaith felly fyddai cyfrwng eu dysgeidiaeth ond geiriau cwbl eglur am y Tad.

Y pryd hwnnw hefyd bydd y disgyblion yn gweddïo yn enw Iesu Grist, ond ni fydd angen iddo ef weddïo drostynt; oherwydd wedi i bopeth gael ei gyflawni ac wedi i'r Ysbryd Glân gael ei roi bydd cyswllt mor agos rhwng y Tad ei hun a'r disgyblion fel eu bod o'r un meddwl yn union ag ef. Nid yw Ioan byth yn blino atgoffa darllenwyr ei efengyl o'r undod cariadus hwn a fodola rhwng Crist a'r Tad a'r disgyblion, ac ni ddaeth erioed i'w feddwl ef yr athrawiaeth erchyll honno am Grist trugarog yn pledio achos ei ddisbylion ger bron Tad dicllon. 'Oherwydd y mae'r Tad ei hun yn eich caru chwi' (adn. 27) yw byrdwn neges Ioan; ond ni ddylid cymryd hynny ychwaith i olygu nad yw Duw yn caru neb ond ei ddisgyblion. Datguddio cariad Duw tuag at y byd cyfan a wna Iesu yn yr efengyl hon.

Pan glywsant fod Iesu wedi dod oddi wrth Dduw, a'i fod bellach ar fin dychwelyd at y Tad fe gredodd y disgyblion am ennyd eu bod o'r diwedd wedi cael neges eglur gan Iesu, ac wedi deall yn union yr hyn a olgyai. Ond druan ohonynt, er iddynt ddeall ei eiriau, nid oeddynt eto wedi dechrau amgyffred goblygiadau yr hyn a ddywedodd.

Fel Nathanael y bu i ni ei gyfarfod yn y wers ddiwethaf, rhoi eu ffydd yn Iesu am iddynt dybio fod ganddo wybodaeth oruwchnaturiol o'r hyn a oedd ar ddigwydd wna'r disgyblion yn awr. Ond er fod ffydd felly i'w chroesawu ni fyddai'n ddigonol i'w cadw'n ffyddlon yng nghanol yr hyn oedd ar ddigwydd, ac y mae eironi yn llenwi ymffrost y disgyblion eu bod o'r diwedd wedi deall Iesu (adn. 30).

Y mae'r broffwydoliaeth y byddai Iesu'n cael ei adael yn unig yng nghanol ei drallod yn cael ei gwireddu'n eglur yn Efengyl Marc lle cofnodir y geiriau; 'A gadawodd y disgyblion ef bob un, a ffoi' (14.50).

Ond y mae Ioan, er gwaetha'r darogan, yn haeru i'r disgybl annwyl fod yn bresennol wrth y groes (19.26) ac i'r 'un a welodd y peth' (19.35) dystiolaethu am y croeshoeliad. Er yr awgryma i'r gweddill i gyd ddychwelyd i'w cartrefi yng Nghalilea a throi cefn ar Iesu wedi iddynt fethu a deall ei weinidogaeth yn iawn, eto yr oedd am ddiogelu'r cyswllt rhwng Iesu a'r Eglwys Fore drwy'r disgybl a fu'n bresennol wrth y groes ac yn llygad-dyst o'r gogoneddu.

Yng nghwmni'r Tad, meddai Ioan yma, yr wynebodd Iesu'r dioddefaint, ac efallai ei fod am gywiro unrhyw gam-ddehongli o'r geiriau o eiddo Iesu a gofnodwyd yn Efengyl Marc; 'Fy Nuw, fy Nuw paham yr wyt wedi fy ngadael?' (15.34) Argyhoeddiad Ioan oedd na thorrwyd yr undeb rhwng Crist a'r Tad, hyd yn oed ar y groes, er i Iesu yno brofi unigrwydd ac ymddieithriad llwyr, a bellach oherwydd eu perthynas â Christ fe allai'r disgyblion gael tangnefedd. Ond nid tangnefedd heb na phoen na thrallod na gofid a addewir iddynt, yn ôl Ioan, a dywed yn eglur fod gorthrymder yn eu haros (adn 33).

Y mae i orthrymder ystyr arbennig ar dudalenau'r Testament Newydd a golyga fel rheol y gwaeau diwethaf a ddaw ar ddiwedd amser neu boenau erledigaeth yr Eglwys Fore. Tebyg felly fod y ddau ystyr ynghlwm â'i gilydd yma gan y credai'r Cristnogion cyntaf a brofodd gymaint o erledigaeth fod diwedd y byd yn agos. Eu profiad hwy, fodd bynnag, oedd i Iesu orchfygu'r byd a cheir awgrym o ystyr hynny yn nisgrifiad yr Apostol Paul ohono'i hun a'i gyd apostolion, wrth iddo geisio dangos i aelodau eglwys Corinth iddynt godi uwchlaw eu hamgylchiadau; 'Twyllwyr y'n gelwir, a ninnau'n eirwir, dynion dinod, a ninnau'n adnabyddus; meirwon, ac wele, byw ydym; dynion dan gosb, ond heb gael ein lladd; dan dristwch, ond bob amser yn llawenhau; mewn tlodi, ond yn gwneud llawer yn gyfoethog; heb ddim gennym ac eto'n berchen pob peth.' (2 Cor. 6.9-10)

Yn yr ystyr yma fe fu i Iesu a'i ddisgyblion yn wir orchfygu'r byd, ac y mae'r efengyl yn ein gwadd ninnau i ran yn yr un fuddugoliaeth.

Trafodwch

1. A oes perygl i Gristnogion heddiw gamddeall gweinidogaeth Iesu ?

2. I ba raddau y mae ein hymgais i ddeall y groes wedi troi'r Tad a'r Mab yn elynion i'w gilydd?

3. A wyddoch am bobl y bu iddynt godi uwchlaw eu hamgylchiadau yn y dull a awgrymir gan eiriau'r Apostol Paul?

Gwers 27: YR HEN A'R NEWYDD (1.15-27)

Un o themau mawr Efengyl Ioan yw i'r newydd ddisodli'r hen yn nyfodiad Iesu Grist i'r byd. Gwelwyd awgrym o hyn yn y cyfeiriad at Nathanael fel yr Iddew delfrydol a ddaeth i ddilyn Iesu (1.45-51) ac yn hanes y briodas yng Nghana pryd y bu i Iesu droi y dŵr yn win (2.1-11). Disodli'r hyn a fu unwaith yn ddefnyddiol ond nad oedd bellach yn ddigonol wna Iesu yn yr efengyl hon, ac ni chafodd dyst mwy croch ac effeithiol i'w waith yn gwneud hynny na Ioan Fedyddiwr.

Yn ôl yr efengylau cyfolwg fe ellir tybio mai wedi i Ioan Fedyddiwr gael ei garcharu y dechreuodd Iesu ar ei weinidogaeth, ond yn Efengyl Ioan y mae gweithgarwch y ddau yn cyd-redeg. Sylwer hefyd fel y mae darlun Efengyl Ioan o'r Bedyddiwr yn wahanol iawn i'r hyn a gawn gan yr efengylwyr eraill. Ni chyfeirir ato yma fel gŵr garw a phregethwr tanllyd a fu'n arwain diwygiad crefyddol gan annog pawb i edifarhau. Yn hytrach, caiff ei gyflwyno fel y tyst cyntaf i Iesu, ac un a fynnodd dynnu sylw pawb at Grist.

Y rheswm pam yr ymddengys Ioan Fedyddiwr mor wahanol yn yr efnegyl hon, mae'n debyg, yw i'w hawdur geisio gwrth-weithio'r duedd a welwyd mewn rhai mannau yn yr Eglwys Fore i roi gormod bri i'r Bedyddiwr. Efallai i rai o'r Cristnogion cynnar gyfeirio ato fel Meseia, ac y mae'n dra phosib i rai ei ystyried felly yn ei oes ei hun. O'r herwydd cawn Ioan Fedyddiwr yn Efengyl Ioan yn pwysleisio ei safle isradd mewn cymhariaeth â Iesu, gan wadu pob awgrym mai ef, Ioan, oedd y Meseia.

Dywed Ioan Fedyddiwr yn eofn i'r un a'i dilynodd o ran amser fodoli o'i flaen, gan iddo ddod i'r byd o fynwes y Tad. Er mor werthfawr oedd y rhodd o'r Gyfraith a roddwyd trwy Moses nid oedd i'w chymharu â'r gras a'r gwirionedd a ddaeth i'r byd drwy Iesu Grist. 'Ni welodd neb Dduw erioed' meddai Ioan, gan atgoffa ei ddarllenwyr o gred yr Hen Destament na ellid gweld Duw a byw, ond fe ddatguddiwyd Duw yn Iesu Grist, a hynny mewn modd cwbl unigryw.

Dim rhyfedd felly i'r Bedyddiwr wadu'n syth mai ef oedd y Meseia pan anfonodd yr Iddewon o Jerwsalem offeiriaid, a'u cynorthwywyr y Lefiaid, i'w holi pwy ydoedd. Aeth rhagddo yn hytrach i ddisgrifo'i hun fel llais yn galw yn yr anialwch gan ddyfynnu geiriau'r proffwyd Eseia (40.3). Rhoi ei lais i dynnu sylw at y Gair a wnaethpwyd yn gnawd wnaeth y Bedyddiwr, ond go brin y byddai'r Phariseaid yn Jerwsalem yn cael eu bodloni gan y fath ateb syml, yn enwedig o gofio fod Ioan ei hun wedi bod yn bedyddio a thyrfaoedd mawr o bobl Jwdea wedi ei ddilyn. Ac o'r herwydd y mae'r negeswyr a anfonwyd ato yn pwyso arno drachefn i esbonio'i waith yn bedyddio, gan awgrymu nad oedd ganddo hawl o gwbl i wneud hynny os nad oedd 'na'r Meseia, nac Elias, na'r Proffwyd'.

Fel y cyfeiriwyd o'r blaen yr oedd yr Iddewon yn disgwyl dyfodiad y Meseia, a chredid y dychwelai Eleias o'i flaen i baratoi'r ffordd iddo (gw.Malachi 4.5). Hefyd yr oedd yn Llyfr Deuteronomium addewid gan Dduw i Moses y byddai'n codi 'proffwyd' o blith ei frodyr (18.15); ond os nad oedd y Bedyddiwr yn un o'r rhain, beth oedd ystyr ei fedydd?

Ateb Ioan yw mai bedydd dŵr oedd ei fedydd ef, a'r hyn yr oedd yn arwydd ohono ydoedd edifeirwch. Dywed yr efengylau cyfolwg i Iesu gael ei fedyddio gan Ioan (Mth 3.16; Mc 1.9; Lc 3.21) er nad yw'r efengyl hon yn cyfeirio'n uniongyrchol at hynny; ac er y dywed Mathew i Ioan brotestio, a mynnu mai ef ddylai gael ei fedyddio gan Iesu, gellir dychmygu i Iesu dderbyn bedydd edifeirwch Ioan er ei fod yn ddi-bechod, a hynny er mwyn uniaethu â'i gyd-ddynion.

Ond bedydd isradd oedd bedydd Ioan Fedyddiwr o'i gymhau â'r hyn a geid gan Iesu ei hun a ddaeth, yn ôl Ioan, gan fedyddio 'â'r ysbryd Glân' (1.33). Nid oes unrhyw gyfeiriad yn yr efengylau cyfolwg at Iesu na'i ddisgyblion yn bedyddio, ac fe ellir tybio oddi wrth yr hyn a geir ar ddechrau'r bedwaredd bennod o'r efengyl hon i rywun amau'r honiad a geir ynddi i Iesu ei hun fedyddio'i ddilynwyr (gw 4.2). Eto'i gyd, fe wyddom i'r arfer o fedyddio wreiddio'n gyflym iawn yn yr Eglwys Fore, ac efallai mai am i Grist ei hun gyflwyno'r arfer i'w ddisgyblion y bu hynny.

Yn sicr, fe gredai Iddewiaeth ddiweddar y byddai Duw yn tywallt ei Ysbryd ar yr Israel newydd yn ystod yr Oes Feseianaidd (gw Joel 2.28; Eseia 32.15; Eseciel 39.29; Sechareia 12.10) ac fe haerodd yr Eglwys Fore fod hynny eisoes wedi digwydd yn Iesu Grist. Daeth y newydd i ddisodli'r hen, ac er nad oedd ei gydwladwyr eisoes wedi ei adnabod yr oedd y Meseia, yn ôl Ioan Fedyddiwr, yn sefyll yn eu plith. Ffolineb mawr yng ngolwg Ioan fyddai i neb ei gymharu ef ag o, ac er mwyn pwysleisio hynny cyfeiria at un o ddywediadau y rabbiniaid a honnai y cai disgybl wneud popeth i'w feistr y byddai caethwas yn arfer ei wneud, ar wahân i ddatod ei sandalau. Cofiwch, meddai Ioan, nad wyf fi'n deilwng i gyflawni'r gorchwyl mwyaf dinod i'r Mesia, ac eto y mae'n sefyll yn eich plith a chwithau heb ei adnabod.

Trafodwch

1. A yw'r newydd o hyd yn disodli'r hen ym myd crefydd?

2. Y mae i'r tyst le pwysig iawn yn Efengyl Ioan. Sut y mae tystio'n effeithiol?

3. A oes tuedd ynom i anghofio fod cyflawni'r gweithgarwch mwyaf dinod, os y gwneir hynny yn enw Crist, yn fraint?

Gwers 28: TASG DISGYBL (21.15-19)

Ymddengys fod pennod olaf Efengyl Ioan, fel y mae yn y Beibl Cymraeg Newydd, yn ychwanegiad at y gwaith gwreiddiol. Daw'r gwaith hwnnw i ben yn ôl pob golwg ar ddiwedd pennod 20 gyda honiad yr awdur i Iesu gyflawni amryw o arwyddion eraill nas cofnodwyd yn yr efengyl, ac iddo gyfansoddi ei efengyl er mwyn amlygu Iesu fel Mab Duw, a galluogi ei ddarllenwyr i gredu ynddo a chael bywyd yn ei enw (20.30-31). Pe byddai awdur Efengyl Ioan felly am ychwanegu pwt ei hun at y defnydd gwreiddiol, y tebyg yw y byddai wedi cynnwys y fath ychwanegiad cyn diwedd yr ugeinfed bennod, yn hytrach na'i ychwanegu mewn dull mor drwsgl ar ôl y diweddglo gwreiddiol.

Go brin hefyd y byddai am ddarlunio'r disgyblion, wedi iddynt dderbyn yr Ysbryd Glân a chael eu hanfon allan gan Iesu (20.21-23), yn dychwelyd eto i Galilea i ail-afael yn eu gwaith fel pysgotwyr, a'r un mor analluog â chynt i adnabod Iesu pan ddaeth atynt (21.4). Eto'i gyd, ni cheir yr un llawysgrif o Efengyl Ioan nad yw'n cynnwys pennod 21, a rhaid dod i'r casgliad iddi gael ei hychwanegu at y gwaith gwreiddiol yn gynnar iawn yn hanes yr efengyl.

Un awgrym ynglŷn â phaham y bu iddi gael ei hychwanegu yw er mwyn darlunio adferiad Pedr wedi iddo wadu Iesu Grist, pan fu i rywrai ar noson y bradychu gyhuddo Pedr o fod yn ddisgybl iddo (gw 18.15-18, 25-27).

Y mae'r cwestiwn a ofynnir i Pedr dair gwaith yn yr adran hon felly, yn cyfateb i'w wadiad triphlyg o'i Arglwydd y noson honno wrth y tân yng nghyntedd yr archoffeiriad. Myn Iesu gael gwybod ganddo a oedd yn ei garu ef 'yn fwy na'r rhain'; a chyfeiriad sydd yma mae'n debyg at yr offer pysgota yr oedd Pedr a'r lleill newydd fod yn eu defnyddio. Gofyn wna Iesu a oedd cariad Pedr tuag ato yn fwy na'i hoffter o'i alwedigaeth wreiddiol, neu efallai mai gofyn yr oedd Iesu a oedd ei gariad tuag ato yn fwy na chariad y disgyblion eraill. Beth bynnag am ystyr fanwl y cwestiwn y mae ateb Pedr yn gadarnhaol a chaiff ei orchymyn i fugeilio defaid ei Arglwydd. Cofiwn i Ioan gyfeirio eisoes at Iesu ei hun fel y 'bugail da' gan bwysleisio'r berthynas arbennig rhyngddo â'i braidd (10.11). Bellach, fodd bynnag, dyletswydd Pedr fyddai eu bugeilio a'u porthi, ac nid yw'n rhyfedd o gwbl fod i'r term 'bugail' a 'bugeilio' le canolog ym meddwl yr Eglwys o hyd. Ni ellir anwybyddu'r ddyletswydd honno o ymweld a gofalu er i lawer o fugeiliaid mwy goleuedig na'i gilydd geisio gosod ryw weithgareddau eraill yn ei lle. Yn wir ceir awgrym yma fod Pedr wedi ei rwymo rywfodd wrth y gwaith, gan y cyfeiria Iesu at ddihareb a honnai y cai'r ifanc grwydro lle y mynnai ond y byddai'n rhaid i'r hen gymryd ei arwain.

Cymryd ei arwain i fugeilio a gofalu am aelodau'r Eglwys Fore wnaeth Pedr, a gwelodd rhai esbonwyr gyfeiriad at y pris y bu'n rhaid iddo dalu am hynny yn y disgrifiad ohono'n estyn ei ddwylo i rywun arall ei wregysu (adn 18). Oherwydd gwyddom i'r ymadrodd hwnnw gael ei ddefnyddio'n aml iawn gan awduron Groegaidd i ddynodi croeshoeliad, ac yn ôl Origen croeshoeliwyd Pedr yn Rhufain yn ystod erledigaeth Nero, a mynnodd gael ei groeshoelio wyneb i waered gan na chredai ei fod yn teilyngu marw yn yr un ffordd a'i Arglwydd. Yn sicr, y mae'r darogan yma y byddai Pedr yn marw drwy gael ei groeshoelio yn gefnogaeth gynnar iawn i'r traddodiad a gadwyd gan Origen, a rhaid cofio fod marw dros y ffydd yn cael ei ystyried yn ogoniant neilltuol yn nyddiau'r Eglwys Fore.

O'r herwydd, fe allai awdur y bennod hon fod wedi bwriadu'r gwahoddiad 'Canlyn fi' (adn. 19) i gael ei ystyried fel gwahoddiad i ferthyrdod. Dynoda lwyr adferiad Pedr er gwaethaf y ffaith iddo wadu Iesu, a dyma'r gwahoddiad a dderbyn pob Cristion o hyd. Ni wyr neb beth fydd diwedd y daith a gychwynir yng nghwmni'r Arglwydd, ond diau y gallwn o hyd fod yr un mor hyderus â Phantycelyn:

Os gwg, os llid, mi af i'w gôl,
Mae'r wawr yn cerdded ar ei ôl.

Trafodwch

1. 'Gwaed y merthyron fu had yr eglwys.' A gytunwch ac a wyddoch am unrhyw ferthyron modern?
2. '*A house going parson makes a church going people.*' Tybed?

3. Beth yw oblygiadau canlyn Crist heddiw, ac a yw'r syniad o adferiad wedi gwrthgiliad yn un a gymerwn o ddifri?

EBRILL: CRIST Y BRENIN

Gwers 29: CRIST Y BRENIN A FYDDAI'N DIODDEF (12.1-11)

Mae Efengyl Ioan o'i dechrau'n deg yn arwain y darllenydd at y groes. Wrth ddweud i Iesu ddod i blith ei bobl ei hun a chael ei wrthod ganddynt (1.11) yr oedd ei hawdur yn ymwybodol mai awr marw Iesu oedd awr ei ogoneddu. Mor wahanol yw'r fath feddylfryd i'r hyn sy'n gyffredin yn ein plith ni, ac onid cwbl wallgo yn ôl pob disgwyliad rhesymol yw honiadau'r Testament Newydd am Grist; y brenin y byddai'n rhaid iddo ddioddef!

Wrth gofnodi hanes yr eneinio ym Methania bwriad Ioan, mae'n debyg, oedd diogelu'r traddodiad i gorff Iesu gael ei drin â pharch. Ystyriai yr eneinio, a ddigwyddodd yn ôl yr efengyl hon chwe diwrnod cyn y Pasg, sef ar y nos Sadwrn cyn Sul y Blodau, fel paratoad addas ar gyfer ymdaith fuddugoliaethus Iesu i Jerwsalem y diwrnod canlynol. Ond fel brenin wedi ei eneinio ag enaint claddedigaeth yr ai yno, ac y mae elfen gref o ragfynegi ei farwolaeth yn yr hanes hwn.

Dywed efengyl Marc mai dau ddiwrnod cyn y Pasg yr eneiniwyd pen Iesu, a hynny gan wraig anhysbus yn nhŷ Simon y gwahanglwyfus ym Methania (14.3-9). Yn ôl Mathew hefyd gwraig anhysbus yn nhŷ Simon a'i eneiniodd (26.6-13) ond yr hyn a geir gan Luc yw i wraig bechadurus wlychu traed Iesu â dagrau cyn eu heneinio ag enaint a'u sychu â'i gwallt, ac i hynny ddigwydd yn nhŷ Simon y Pharisead (7.36-50). Diau fod Ioan o leiaf yn gyfarwydd â'r traddodiadau llafar a oedd y tu ôl i'r hanesion hyn i gyd, ac iddo gymysgu'r defnydd â manylion o'i eiddo'i hun. Yn sicr y mae ei ddisgrifiad o wraig yn sychu traed Iesu â'i gwallt di-rwymyn yn gweddu'n well i ddarlun Luc o wraig bechadurus nag i'r hyn a wyddom am Mair, chwaer barchus Martha a Lasarus.

Thema ganolog yr holl hanes yw i weithred afrad a gwastraffus ryw wraig blesio Iesu'n ddirfawr. Dyma rybudd i bawb ohonom nad priodol bob amser yw uniaethu gormodedd â gwastraff, a bod rhyw bethau mewn bywyd na ellir mesur eu gwerth ag arian.

Jwdas, sylwer, sy'n rhoi llais i feirniadaeth y cwmni o weithred

Mair, a gellir tybio fod y disgrifiad ohono fel lleidr i'w briodoli i'r ymgais fwriadol a gafwyd yn yr Eglwys Fore i bardduo cymeriad y bradychwr. Ond rhoi llais i ethos ein hoes ni a wna Jwdas, oes sydd o hyd yn fodlon cymryd yr esgus o ofal am y tlawd fel rheswm digonol dros ddibrisio llawer o weithredoedd prydferth bywyd. Nid dirmyg sydd yng ngeiriau Iesu pan ddywed wrth y disgyblion 'y mae'r tlodion gyd chwi bob amser, ond nid wyf fi gyda chwi bob amser' (adn. 8). Ceisio dangos iddynt yr oedd fod eu beirniadaeth yn tarddu o genfigen a'u tybiaeth fod Mair drwy ddangos ei chariad tuag ato yn tynnu sylw tuag ati hi ei hun. Defnyddio'r tlawd fel pastwn hwylus i gernodio gweithred Mair wna Jwdas, ond y mae angen aderyn iach i ganu, yn ôl yr hen air, ac y mae angen sensitifrwydd hefyd i allu gwahaniaethu'n deg rhwng amrywiol amgylchiadau bywyd.

Yn olaf, rhaid sylwi fel y peryglwyd bywyd Lasarus drwy ei berthynas â Iesu. Lasarus, fel yr atgoffa Ioan ni, oedd y dyn a atgyfodwyd o'r bedd gan Iesu er iddo fod wedi ei gladdu ers pedwar diwrnod (11.1-44). Yn naturiol fe barodd y fath ryfeddod chwilfrydedd mawr ymhlith yr Iddewon a daeth llawer ohonynt i weld Lasarus, y dyn a gyfodwyd o blith y meirw. Y canlyniad wrth gwrs, oedd i amryw ohonynt ddod i gredu yn Iesu, a pharodd hyn i'r prif offeiriad a'i gwmni sylweddoli fod eu statws a'u dylanwad hwy'n cael ei beryglu fwyfwy gan boblogrwydd Iesu. O'r herwydd penderfynasant gynllwynio i ladd Lasarus yn ogystal â Iesu, a diau fod Ioan drwy gofnodi hyn eto yn bwriadu pwysleisio cost bod yn ddisgybl i Iesu. Ni all deiliaid y brenin a ddioddefodd ddisgwyl cadw eu croen yn iach. Yng ngeiriau Benjamin Frances;

Nid rhyfedd os gwawdir y gwas
Cans gwawd gafodd Arglwydd y ne.

Trafodwch

1. *Dioddefodd waradwydd a phoen*
   A'r felltith ar Galfari fryn,
   F'anrhydedd yw canlyn yr oen
   Yr oen a ddioddefodd fel hyn.

2. A ydym yn cymryd gofal am y tlawd yn esgus dros anwybyddu llawer o gyfrifoldebau eraill bywyd?

3. Dengys hanes Mair fod cariad bob amser yn afrad. A gytunwch mai chwilio am ragor i'w roi wna cariad o hyd?

Gwers 30: Y BRENIN A FYDDAI'N DIODDEF (12.12-18)

Yn dilyn hanes codi Lasaurs o'r bedd cawn gan Ioan adroddiad am ymdaith fuddugoliaethus Iesu i Jerwsalem ar Sul y Blodau. Cysyllta Ioan y straeon hyn yn agos iawn â'i gilydd gan yr awgryma fod y dyrfa a groesawodd Iesu i Jerwsalem wedi ei ffurfio'n rhannol o'r rhai a fu'n dystion i atgyfodiad Lasarus ym Methania, ac eraill o Jerwsalem a glywodd am y wyrth honno ac a ddaeth i gyfarfod Iesu (adn. 17-18). Dyma yn sicr uchafbwynt gweinidogaeth gyhoeddus Iesu Grist yn ôl yr efengylau, ac fe adroddir yr hanes yn y cyfan ohonynt; ond tra bod yr efengylau cyfolwg yn manylu ar y modd y trefnodd Iesu'r daith gan sicrhau fod asyn yn barod ar ei gyfer y diwrnod hwnnw, anwybyddir y fath fanylion gan Ioan. Canolbwyntia ef sylw ei ddarllenwyr ar ddwy thema ganolog yn unig, sef yn gyntaf mai Iesu Grist oedd brenin Israel, ac yn ail, mai dim ond ar ôl y groes a'r atgyfodiad y sylweddolodd y disgyblion wir arwyddocâd ei frenhiniaeth.

Wrth farchogaeth i Jerwsalem ar asyn yr oedd Iesu'n dangos i'r dyrfa a'i hebryngai pa fath o frenin ydoedd. Er mai ar feirch yr ai brenhinoedd y dwyrain i ryfel, marchogent asynnod pan am ddangos eu bod ar berwyl heddychlon, ac wrth deithio i Jerwsalem ar gefn asyn yr oedd Iesu yntau'n datgan wrth bawb a'i gwelai mai dod mewn heddwch a gostyngeiddrwydd a wnai. Diau fod geiriau o broffwydoliaeth Sechareia yn llenwi ei feddwl, ac y gwelai ei hun y diwrnod hwnnw fel petai'n cyflawni'r broffwydoliaeth a fras ddyfynnir gan Ioan; 'Llawenha'n fawr, ferch Seion; bloeddia'n uchel, ferch Jerwsalem. Wele dy frenin yn dod atat â buddugoliaeth a gwaredigaeth, yn ostyngedig ac yn marchogaeth ar asyn, ar ebol, llwdn asen.' (Sech. 9.9)

Y mae awgrym Ioan mai dod i weld Iesu am iddo atgyfodi Lasarus o'r bedd a wnaeth y dyrfa yn awgrymu, fodd bynnag, na fu iddynt werthfawrogi arwyddocâd y weithred symbolaidd o farchogaeth ar asyn o gwbl. Eto'i gyd, yr oeddynt yn llawen yn croesawu'r arwr newydd i'r brifddinas, a Ioan yn unig sy'n nodi iddynt ddwyn gyda hwy i gyfarfod â Iesu ganghennau o'r palmwydd, a oedd yn symbol o fuddugoliaeth a llwyddiant a chroeso a llawenydd. Yng nghanol yr hwyl dechreuodd rhywrai ddyfynnu geirau 'r Salmydd (118.26) gan floeddio 'Hosanna', y gair Hebraeg a oedd yn wreiddiol yn golygu 'achub ni', ond nad oedd yng ngolwg y dyrfa yn awr yn fawr mwy na bloedd orfoleddus. Dyfynnid o Salm 118 yn gyson ar adeg Gŵyl y Pasg a Gŵyl y Pebyll, ac ymddengys fod Ioan wedi ychwanegu'r term Brenin Israel at y geiriau gwreiddiol; 'Hosanna!Bendigedig yw'r un sy'n dod yn enw'r Arglwyddyn Frenin Israel.'

Gwyddai Ioan i Iesu gael ei groeshoelio am i'r awdurdodau Rhufeinig gam-ddeall ei honiad ei fod yn frenin (gw. 18.33-40; 19.1-6, 12-16, 19), ond mewn gwirionedd go brin fod neb wedi deall natur ei frenhiniaeth cyn y groes a'r atgyfodiad. Wedi i'r Ysbryd Glân oleuo eu meddyliau y daeth aelodau'r Eglwys Fore i wybod mai brenin a fyddai'n dioddef oedd Iesu Grist.

Y mae o hyd yn bosibl gwneud o'r Arglwydd Iesu yr hyn a fynnwn ni, a dod ato wedi penderfynu eisoes pwy a beth ydyw. Ond cywiro disgwyliadau a rhagdybiaethau ei ddilynwyr mae Crist y Testament Newydd, gan droi ein byd cyfarwydd wyneb i waered. Y mae adroddiad Ioan o ymdaith Iesu i Jerwsalem o hyd yn ein gwahodd i gredu mai'r gwan a'r gostyngedig biau'r fuddugoliaeth olaf ym myd Duw. Yng ngeiriau Elfed;

Hwn fydd mawr dros y llawr
Dewch i'w hebrwng ef yn awr.

Yn olaf y mae Ioan yn cyfeirio at y Phariseaid a fu'n dystion diymadferth i lawenydd a rhialtwch y dyrfa. Daeth yn amlwg iddynt eisoes na ellid caniatau i boblogrwydd Iesu gynyddu, ac yr oeddynt eisoes wedi dechrau cynllwynio i'w ladd (11.53). Am y tro, fodd bynnag, ni allent wneud dim ond disgwyl eu cyfle, ac y mae rhwystredigaeth yn llenwi eu datganiad eironig; 'Edrychwch, nid ydych yn llwyddo o gwbl. Aeth y byd i gyd ar ei ôl ef.' (adn 19)

Mewn byr o dro fe fyddai'r brenin yn wir yn gorfod dioddef, ond adlais o brofiad yr Eglwys Fore sydd yng ngeiriau'r Phariseaid. Erbyn ysgrifennu Efengyl Ioan diau yr ymddangosai y byddai'r byd i gyd yn canlyn Iesu, ac y mae Ioan, a oedd bob amser mor ymwybodol mai cenedl ddynion fydda'r rhan fwyaf o'r rhai a ddarllenai ei efengyl, yn dilyn hanes yr ymdaith i Jerwsalem â hanes rhyw Roegwyr yn dod i geisio Iesu. Dyma gynrychiolwyr cyntaf y cenhedloedd, o blith y rhai y byddai'r Apostol Paul a'i debyg yn y man yn dwyn miloedd at Grist.

Trafodwch

1. I ba raddau y mae'r syniad o Iesu fel brenin wedi camarwain ei ddilynwyr ym mhob cyfnod?

2. Pa angen sydd i'r Ysbryd Glân oleuo meddwl yr Eglwys heddiw?

3. Pa mor wir heddiw yw darogan y Phariseaid; 'Aeth y byd i gyd ar ei ôl ef'?

Gwers 31: MARW'R BRENIN (19.16-24)

Nodwedd amlwg adroddiad Ioan o'r croeshoeliad yw ei fod yn darlunio Iesu mewn rheolaeth lwyr o'r sefyllfa. Nid oes sôn yn yr efengyl hon am Simon o Gyrene yn cynorthwyo Iesu i gario'i groes ei hun, er fod yr efengylau cyfolwg oll yn cofnodi'r ffaith (gw. Mth. 27.32; Mc 15.21; Lc 23.26). Y rheswm am hyn, yn ôl rhai esbonwyr, yw i Ioan fod yn ymwybodol o honiad rhai hereticiaid yng nghyfnod yr Eglwys Fore mai Simon, nid Iesu, a groeshoeliwyd; ond tebycach o lawer yw fod Ioan, yn unol â'i ddarlun o berson Crist, am ddarlunio Iesu fel un hen ddigon abl i gario'i groes ei hun.

Nid yw Ioan, fwy na'r un arall o'r efengylwyr, yn manylu dim ar erchylltra a chreulondeb y croeshoeliad. Diau y gwyddai darllenwyr cyntaf yr efengyl yn union beth a olygai dienyddiad o'r fath. Wedi iddo gael ei fflangellu gorfodid y condemniedig i gario traws llorweddol ei groes i fan y dienyddiad, ac wedi ei rwymo wrtho, neu yn fwy anfynych, ei hoelio arno, codid y trawst llorweddol i'w le ar drawst arall a oedd eisoes wedi ei blanu'n dalsyth yn y ddaear. Byddai hoel neu silff ar y trawst hwnnw i gynnal pwysau'r truan, ac wedi rhwymo neu hoelio ei draed hefyd wrth y pren gadewid ef yno i farw. Prin iawn y byddai marwolaeth o'r fath yn cymryd llai na dwy awr ar bymtheg ar hugain, ac yn y cyfamser byddai'r troseddwr yn gwbl ddiymgeledd yng nghanol gwres y dydd ac oerni'r nos, yn cael ei flino gan bryfetach, ei wawdio gan bobl a deithiai heibio man ei ddienyddiad, ac yn dioddef poen arteithiol. Deuai'r diwedd pan ai'n rhy wan i allu ymgynnal ar y groes, ac wrth i'r broses o anadlu fynd yn fwyfwy anodd byddai'n mygu i farwolaeth. Does ryfedd yn y byd i Paul, wrth iddo ryfeddu at ufudd-dod Crist, danlinellu'r ffaith iddo fod 'yn ufudd hyd angau, ie, angau ar groes' (Phil. 2.8).

Er i amryw o emynwyr sôn am fryn Golgotha nid oes unrhyw awgrym yn y Testament Newydd mai ar fryncyn y croeshoeliwyd Iesu, ac ni wyddus ychwaith lle yn union y digwyddodd hynny. Y mae Ioan yma yn cyfieithu'r enw Aramaeg 'Golgotha' fel 'Lle Penglog' ar gyfer darllenwyr Groegaidd ei efengyl, ond go brin i'r enw darddu o'r ffaith fod penglogau troseddwyr wedi ei gadael ar y ddaear yno. Byddai caniatau sefyllfa o'r fath yn waradwydd mawr i'r Iddewon, ac nid oes fawr o goel ychwaith ar yr honiad mai siap neu ffurf y tir, a oedd yn debyg i benglog, a roddodd i'r lle yr enw Golgotha neu Calfaria (Lladin). Pwysicach o lawer nac unrhyw fanylion fel hyn, fodd bynnag, yw honiad y Testament Newydd i Grist *farw* ar Golgotha, ac y mae Ioan yn pwysleisio iddo farw yno fel brenin a hynny mewn gogoniant.

Mae'r pedair efengyl yn gytun mai'r cyhuddiad a osodwyd gan Peilat ar groes Iesu oedd 'Iesu o Nasareth brenin yr Iddewon' (adn. 19). Diau ei fod wrth osod y fath gyhuddiad ar y groes am dalu'r pwyth yn ôl i'r awdurdodau Iddewig a fynnodd iddo orchymyn croeshoelio Iesu. Bellach byddai'n rhaid iddynt oddef y gwawd a oedd ynghlwm wrth y cyhuddiad, ac er iddynt apelio ar Peilat i'w newid, a datgan yn gyhoeddus mai Iesu ei hun a fynnai gael ei alw yn frenin yr Iddewon, ni wrandawodd Peilat arnynt. Gadawyd yr arysgrif ar y groes mewn tair iaith er mwyn i bawb ei deall; Aramaeg ar gyfer y bobl leol, Lladin ar gyfer y swyddogion Rhufeinig, a Groeg ar gyfer mwyafrif mawr poblogaeth parthau dwyreiniol Môr y Canoldir gan mai hon oedd *lingua franca* y cyfnod. Mewn rhyw fodd rhyfedd, yr oedd y rhaglaw Rhufeinig eisoes yn dechrau'r gwaith a barheid gyda grym a sêl eithriadol gan yr Eglwys Fore, sef cyhoeddi marwolaeth yr Arglwydd Iesu Grist.

Tra yr oedd Iesu ar y groes aeth y milwyr ati i gamblo am ei ddillad, a gwyddom mai arfer y cyfnod oedd i'r milwyr rannu rhyngddynt eu hunain ddillad y sawl a groeshoelid. Ond yn ogystal â'r manylyn hwn a grybwyllir gan yr efengylwyr eraill hefyd, cawn gan Ioan gyfeiriad at wisg ddi-wniad Iesu y bu'n rhaid bwrw coelbren amdani rhag ei rhwygo a'i difetha. Efallai mai bwriad Ioan wrth grybwyll y wisg ddi-wniad oedd atgoffa darllenwyr ei efengyl o wisg yr archoffeiriad a grybwyllir yn yr Hen Destament (gw Lef. 16.4), gan awgrymu fod Iesu'n offeiriad yn ogystal â brenin. Fel y byddai'r prif offeiriad ar ddydd cymod yn aberthu dros y bobl dyma Iesu hefyd yn rhoi ei hun yn aberth dros bechod!

Yn sicr, arwyddocâd y croeshoeliad oedd yn bwysig i Ioan, a thrwy ei ddisgrifiad ohono ceisiodd danlinellu ufudd-dod Crist. Iddo ef, yr oedd geiriau Iesu 'Y mae syched arnaf' (adn 28) yn tanlinellu nid yn unig boen a dioddefaint Iesu ond hefyd ei syched am yfed cwpan y dioddefaint i'r gwaelod a thrwy hynny gyflawni ewyllys ei Dad. Yn yr un modd, gwaedd o fuddugoliaeth nid un o ryddhad yw 'Gorffennwyd' (adn. 30) yn ôl Ioan, ac y mae'r cyfeiriad at rywrai'n codi ysbwng yn llawn o win sur ar ddarn o isop, a'i osod wrth enau Crist (adn. 29) wedi ei fwriadu i wahodd cymhariaeth rhwng Iesu Oen Duw ag ŵyn y Pasg a gâi eu haberthu yn y deml. Â isop, sef planhigyn bach egwan a dyfai yn agenau creigiau, y gorchmynwyd yr Iddewon yn nyddiau'r exodus i daenellu gwaed oen y Pasg ar gapan ac ystlysau drysau eu cartrefi, a chofiwn i Iesu hefyd gyfeirio ato'i hun fel drws (gw 10.9).

Yn olaf, o ystyried agwedd Ioan at y croeshoeliad, ac o gofio am y gyfeiriadaeth gyfoethog sydd yn adroddiad yr awdur hwn o'r digwyddiad, go brin y gellir gwneud yn well na dyfynnu geirau Robert ap Gwilym Ddu;

Rhyw newydd wyrth o'i angau drud
A ddaw o hyd i'r golau.

Trafodwch

1. Beth yn eich barn chwi yw neges ganolog y croeshoeliad?

2. Sut y byddech yn cyfleu ystyr y groes i rywun nad yw'n gwybod fawr ddim am Gristnogaeth?

3. O'r holl emynau sy'n ymdrin â'r croeshoeliad pa un yw'r mwyaf effeithiol yn eich tyb chi?

Gwers 32: MAE'R BRENIN YN FYW (Ioan 20. 1-18)

Fe fu dau o'r tystion cyntaf i'r atgyfodiad, yn ôl Ioan, yn dystion hefyd i'r croeshoeliad. Bu'r disgybl annwyl, pwy bynnag ydoedd, a Mair Magdalen yn bresennol wrth y groes (19.25-6) ac yn awr fe'u cawn y bore Sul canlynol yn darganfod y bedd gwag. Mair Magdalen ddaeth at y bedd yn gyntaf, a chafodd fraw o weld y bedd yn agored a chorff Iesu wedi diflannu. Yn ei dychryn ffodd i ddweud yr hanes wrth weddill dilynwyr Iesu, a'r ddau gyntaf iddi ddod ar eu traws oedd Pedr a'r disgybl annwyl.

Y mae'n amlwg o adroddiad Ioan bod ryw fath o wrthdaro rhwng Pedr a'r disgybl hwn, oherwydd fe'i disgrifia hwy yn rhedeg am y cyntaf at y bedd. Yn ôl un esboniwr cynrychioli dwy gangen yr Eglwys Fore a wnant, sef y gangen Iddewig a gynrcyhiolir gan Pedr a'r gangen Roegaidd a gynrychiolir gan y disgybl annwyl.

Y disgybl annwyl, meddir, a gyrhaeddodd y bedd yn gyntaf a chanfyddodd yr hyn a ystyriai Ioan yn dystiolaeth o atgyfodiad gwyrthiol. Yno yr oedd y dillad yr ymgeleddwyd corff Iesu ynddynt wedi'r groes wedi eu plygu'n daclus (adn. 5). Nid wedi cael ei ddwyn yr oedd y corff yn amlwg, neu fe fyddai'r amdo wedi ei ddwyn i ffwrdd hefyd. Na cyfodi wnaeth Iesu, meddai Ioan, a gadael o'i ôl y pethau y byddwn ni yn eu cysylltu â marwolaeth.

Tra roedd y disgybl annwyl yn dal i edrych mewn rhyfeddod, fe gyrhaeddodd Pedr yntau, a rhuthro heibio iddo i mewn i'r bedd. Drwy gofnodi'r ffaith hon awgryma Ioan, yn ei ddull cynnil ef ei hun, y gwahaniaeth mawr rhyngddynt. Pedr yn ymfflamychol a pharod i weithredu, a'r disgybl annwyl yn fwy myfyrgar a difrifol. Amdano ef y dywed Ioan; 'Gwelodd ac fe gredodd' (adn. 8), ac os cywir yr honiad fod Pedr yn cynrychioli'r eglwys Iddewig a'r disgybl annwyl yr un Roegaidd, gwelir yma eto arwyddocâd pellach, oherwydd erbyn ysgrifennu'r efengyl hon yr oedd yr Iddewon wedi gwrthod credu yn Iesu, tra'r oedd y byd Groegaidd wedi dechrau credu ynddo, a'i gydnabod yn Arglwydd, a'i addoli.

Dyma felly, yn nhyb Ioan, un elfen y prawf o'r atgyfodiad, sef tystiolaeth y bedd gwag; ond nid oedd Pedr a'r disgybl annwyl eto wedi deall arwyddocâd yr hyn a welsant, gan nad oedd yr Ysbryd Glân eto wedi goleuo eu meddyliau, a dychwelasant adref gan adael Mair Magdalen yn yr ardd i dystio i ail ran y prawf o'r atgyfodiad, sef profid o'r Crist byw.

Er mai Ioan yn unig sy'n sôn am Pedr a'r disgybl annwyl yn rhedeg at y bedd gwag wedi clywed stori Mair Magdalen, y mae pob un o'r efengylwyr yn gosod Mair Magdalen yn yr ardd fore'r trydydd dydd, ac eto dim ond Ioan sy'n disgrifio'r cyfarfyddiad rhyngddi â'r Crist byw y bore Sul hwnnw. Yn ôl Mathew a Marc angel a ddywed wrth Mair Magdalen a'r gwragedd eraill fod Iesu wedi cyfodi (Mth 28.5-7; Mc 16.6) ac yn ôl Luc mynegwyd hynny iddynt gan ddau ddyn mewn gwisgoedd llachar (Lc 24.5-7), ond yn ôl Ioan daeth Mair Magdalen ei hun ar draws Iesu heb wybod pwy ydoedd.

Y mae'r thema o gamddealltwriaeth, fel y dywedwyd sawl gwaith o'r blaen, yn thema amlwg iawn yn Efengyl Ioan, ond nid methu a deall geiriau Iesu a wna Mair Magdalen yn awr ond methu ei adnabod ef ei hunan. Y mae'n camgymryd Iesu am y garddwr ac yn mynnu cael gwybod ganddo beth a ddigwyddodd i gorff Iesu. Yr hyn a bair iddi sylweddoli pwy sy'n ei chyfarch, fodd bynnag, yw'r modd yr yngenir ei henw gan Iesu, a diau fod Ioan yma am atgoffa darllenwyr ei efengyl o'r hyn a ddywedodd eisoes am y Bugai Da; 'ac y mae'r defaid yn clywed ei lais, ac yntau'n galw ei ddefaid ei hun wrth eu henwau' (10.3).

O sylweddoli pwy oedd yn siarad â hi, ymateb cyntaf Mair Magdalen mae'n debyg oedd ceisio cydio yn Iesu a'i gofleidio, ond rhwystra ef hi gan ddweud nad oedd eto wedi esgyn at y Tad (adn. 17). Diau fod Mair am adfer yr hen berthynas gyfarwydd ddaearol fu rhyngddi â'i cheidwad ond nid oedd hynny'n addas bellach, a rhaid oedd iddi hithau fel gweddill aelodau'r Eglwys Fore feithrin perthynas â Iesu ar sail ffydd. Dyna hefyd oedd ergyd geiriau Iesu wrth Thomas yn ddiweddarach; 'Ai am i ti fy ngweld yr wyt wedi credu? Gwyn eu byd y rhai a gredodd heb iddynt weld.' (20.29)

Trafodwch

1. Pa mor bwysig yw'r atgyfodiad yn eich golwg chi?

2. *Am fod yr Iesu'n fyw*
   Byw hefyd fydd ei saint.

3. Beth y mae meithrin perthynas â Christ ar sail ffydd yn ei olygu?

MAI: TEULU'R EGLWYS

Gwers 33: TEULU'R EGLWYS YN DERBYN YR YSBRYD GLÂN

(Ioan 20. 19-23)

Nid oes raid gwneud mwy na dwyn i gof ambell emyn i sylweddoli fel y cydiodd y sôn am ddyfodiad yr Ysbryd Glân yn nychymyg dilynwyr Iesu. O fewn y Testament Newydd Luc rydd y lle amlycaf i'r digwyddiad, a chofiwn am ei adroddiad cyffrous o'r hyn ddigwyddodd yn Jerwsalem ar ddydd y Pentecost gryn chwe wythnos wedi'r groes a'r atgyfodiad (gw. Act. 2.1-13). Yn ôl Efengyl Ioan, fodd bynnag, ymddengys fod yr atgyfodiad, yr esgyniad a dyfodiad yr Ysbryd Glân wedi digwydd yr un diwrnod, a diau fod Ioan wrth eu cysylltu mor glos â'i gilydd yn amlygu mai un profiad oeddynt ym meddwl yr Eglwys Fore. Dyma felly y trobwynt mawr yn hanes y disgyblion, pan ddaethant i wybod fod Iesu Grist yn fyw a'i fod ef yn galw arnynt hwy i barhau â'r gwaith a ddechreuwyd ganddo.

Wrth adrodd fel yr ymddangosodd Iesu i'w ddisgyblion yn yr oruwchystafell y mae Ioan yn pwysleisio pa mor annisgwyl fu hynny. Noda fod y drysau wedi eu cloi y noson honno, a hynny am fod y cwmni bach o ddisgyblion a oedd yn cuddio yno yn 'ofni'r Iddewon'. Gellir dychmygu eu bod nid yn unig yn ofni cael eu herlid a'u dal gan yr awdurododau ond eu bod hefyd yn ofni gwawd a dirmyg eu cyd-wladwyr. Onid hwy oedd y rhai a fu'n ddigon ffôl i ddilyn yr un a groeshoeliwyd fel brenin yr Iddewon, ac oni fyddent byth mwy yn gyff gwawd oherwydd eu hygoeledd yn gwneud hynny? Do fe fu iddynt golli arweinydd yn ogystal â ffrind, ac fe ellir dychmygu cyflwr cythryblus eu meddwl a straeon eisoes ar led fod ei gorff wedi diflannu, a Mair Magdalen yn dweud iddi siarad ag ef yn yr ardd y bore hwnnw.

I ganol y cwmni hiraethus, ofnus ac ansicr hwn y daw Iesu, a hynny gan lefaru geiriau a fyddai'n magu arwyddocâd arbennig yn yr Eglwys Fore. Yr oedd 'Tangnefedd i chwi' eisoes yn gyfarchiad Iddewig poblogaidd a olygai rywbeth fel; 'Boed popeth yn dda i chwi'. Ond byth oddi ar i'r Crist atgyfodedig ei ynganu yn yr oruwchystafell noson yr atgyfodiad daeth i olygu llawer mwy na hynny i'w ddilynwyr. Y noson honno ciliodd eu hofn a'u dychryn mewn amrantiad, a bu iddynt dderbyn yr hyn na allai'r byd ei gynnig. Daeth sicrwydd i gymryd lle amheuaeth a disodlwyd pryder gan lawenydd, ond cyn eu disgrifio'n cael eu hanfon i wynebu'r byd drachefn, mae Ioan yn pwysleisio mai'r hyn a newidiodd eu sefyllfa'n llwyr oedd dyfodiad Crist atynt.

Y mae'r cyfeiriad at Iesu'n dod i mewn i'r oruwchystafell er fod y drysau wedi eu cloi, ac yn dangos i'r disgyblion y briwiau yn ei ddwylo a'i ystlys, wedi codi cwestiynau ym meddwl rhai ynglyn â natur ei gorff wedi'r atgyfodiad. Nid ei hen gorff daearol oedd ganddo bellach i bob golwg gan mai go brin y gallai fod wedi dod i'r oruwchystafell gloëdig â hwnnw heb i rywun fod wedi agor y drysau; ac eto dyma gorff yr oedd olion y groes yn amlwg arno. Ond waeth i ni heb a disgwyl am esboniad gan Ioan, gan mai ei unig nod ef yn cofnodi'r hanes oedd pwysleisio mai'r Iesu a fu'n gweinidogaethu ymhlith y disgyblion, ac a fu farw ar bren, oedd yn wir yr un a ddychwelodd atynt. Ef sydd eilwaith yn dymuno tangnefedd iddynt, gan ddweud ei fod yn eu hanfon hwy fel y bu i'r Tad ei anfon yntau; ac y mae'n eu gwahodd i dderbyn yr Ysbryd Glân a fyddai'n eu galluogi i barhau'r gwaith a ddechreuwyd ganddo.

Y mae'r cyfeiriad at Iesu'n anadlu'r Ysbryd Glân ar y disgyblion, yn awgrymu ei fod yn rhoi ei hun iddynt drwyddo, a chofiwn fod Iesu wedi rhagfynegi'r rhodd o'r Ysbryd sawl gwaith yn yr efengyl hon. Yn ôl rhai gellir dweud fod dysgeidiaeth Efengyl Ioan am yr Ysbryd Glân yn cyfateb i ddysgeidiaeth yr efengylau cyfolwg am ail-ddyfodiad Crist. Yn ôl Ioan fe ddeuai'r Ysbryd i'r byd am y tro cyntaf wedi ymadawiad Crist a chawn ef, er enghraifft, yn cyflwyno'r syniad hwn fel sylw ar ddatganiad Iesu ar derfyn Gŵyl y Pebyll, pryd yr honnodd y byddai 'dŵr bywiol' yn llifo o'r sawl a gredai ynddo; 'Sôn yr oedd am yr Ysbryd yr oedd y rhai a gredodd ynddo ef yn mynd i'w dderbyn. Oherwydd nid oedd yr Ysbyrd ganddynt eto, am nad oedd Iesu wedi ei ogoneddu eto.' (7.39)

O sylwi ar hanes ymddangosiad y Crist atgyfodedig yn yr oruwchystafell, fe welir gwireddu un arall o ddywediadau enwog Efengyl Ioan, sef, 'Yr Ysbrd sy'n rhoi bywyd, nid yw'r cnawd yn tycio dim.' (6.63) I'r criw bach ofnus fe roddwyd bywyd newydd, ac nid oedd ryfedd yn y byd i Iesu honni mai buddiol i'w ddisgyblion fyddai ei ymadawiad oddi wrthynt. Oherwydd yr oeddynt bellach yn rhydd oddi wrth ofn ac anobaith a thrwy'r berthynas newydd hon â Iesu yn abl i barhau a'i genhadaeth ef yn y byd. Fel y bu ef yn ystod ei fywyd daearol yn ddibynnol ar y Tad, yr oeddynt hwythau'n awr yn ddibynnol arno yntau, ac yn yr un modd ag y nodweddid ei fywyd ef gynt gan ufudd-dod, ufudd-dod fyddai'n nodweddu eu bywyd hwythau bellach.

Arwydd arall o'r berthynas newydd yw y rhoir yr hawl i'r disgyblion i faddau ac i farnu. Fel y bu Iesu yn cyhoeddi barn a maddeuant, yn ôl Ioan, ond nid ei farn a'i faddeuant ei hunan ond barn a maddeuant Duw, felly hefyd y disgyblion yn awr. Er mai rhagorfraint Duw yw maddau a barnu, gelwir ar yr Eglwys, cyhyd a'i bod yn ufudd a ffydlon, i gyhoeddi ei farn a'i faddeuant ef, a chyhoeddi ei ewyllys yn y byd.

Trafodwch

1. Sut y byddwch yn meddwl am yr Ysbryd Glân?

2. Cymharwch adroddiad Ioan o ddyfodiad yr Ysbryd ag adroddiad Luc.

3. A yw'r eglwysi yn ddigon hyderus heddiw i gyhoeddi barn a maddeuant, yntau a gollasant ei hargyhoeddiad ynglyn â'r materion hyn wrth i'w ffydd wegian?

Gwers 34: CREDO TEULU'R EGLWYS - Y TAD Y MAB A'R YSBRYD GLÂN (Ioan 14. 15-26)

Nid yw Ioan byth yn blino pwysleisio fod ufudd-dod yn hanfodol os ydym am ddilyn Crist. O ddarllen ei efengyl gellir tybio y credai mai ufudd-dod yn unig yn y pen draw a brofa fod dyn o ddifrif yn y gwaith o ddilyn Iesu. Gwyddai Ioan o'r gorau y gallai geiriau teg guddio diffyg argyhoeddiad, a bu'n dyst sawl gwaith o wacter sawl proffes ac addewid; ond os oedd person yn ufudd i'r Arglwydd, yna yr oedd hynny'n brawf digonol ei fod yn caru Iesu.

Heddiw y mae sôn am gariad yn beth cyffredin, ac yn aml iawn aethom i dybio fod caru'n hawdd, ond nid yw Ioan byth yn caniatáu i gariad ddirywio i fod yn ddim mwy na sentiment neu emosiwn. Y mae gwedd foesol i gariad yn yr efengyl hon, ac y mae'n agor y drws i berthynas â Duw sy'n Dad, Mab ac Ysbryd Glân. Cymdeithas o 'bersonau' yw'r Duwdod yn ôl Ioan, ac fe dynnir y disgybl ufudd i mewn i'r gymdeithas hon. O gofio hynny peth da weithiau fyddai ledio emyn W. H. Evans ar ddechrau oedfa;

Addolwn Dduw ein Harglwydd mawr,
Mewn parch a chariad yma'n awr;
Y Tri yn Un a'r Un yn Dri
Yw'r Arglwydd a addolwn ni.

Gair arbennig Ioan am yr Ysbryd Glân yw 'Paracletos' a gyfieithir fel Eiriolwr yn y Beibl Cymraeg Newydd a Diddanydd yn yr hen gyfieithiad. Ystyr y ferf *paracelein* oedd 'galw ar' neu 'galw i gynorthwyo', a'r Eiriolwr felly oedd yr un a ddiddanai neu a gysurai neu a gynorthwyai'r disgyblion; a magodd y term paracletos hefyd yr ystyr o un yn amddiffyn mewn llys barn. Wrth ddefnyddio'r term pwysleisio fod Duw ei hun ar waith drwy'r Ysbryd Glân, a hynny o blaid y credinwyr, a wna Ioan.

Yr un oedd yr Eiriolwr neu'r Ysbryd Glân ag Ysbryd y Gwirionedd a fyddai'n cyfleu gwirionedd Duw i'r disgyblion, ac ychwanegir y byddai nid yn unig yn eu dysgu, ond yn dwyn i gof iddynt y cwbl a ddywedodd

Crist wrthynt (adn. 26). Mewn gair, presenoldeb parhaol Duw ei hun yn eu plith ydoedd yr Eiriolwr.

Y mae'r cyfeiriad at Iesu'n ymadael oddi wrth y disgyblion ac yna'n dychwelyd atynt (adn. 18) i'w ddeall yn ôl rhai esbonwyr yng nghyswllt y groes ac ymddangosiadau Iesu wedi'r atgyfodiad, neu efallai fod yma gyfeiriad at ei ail-ddyfodiad ar ddiwedd amser. Yr hyn sy'n bwysig i'w nodi, fodd bynnag, yw na adewir y disgyblion yn 'amddifad'; term a ddefnyddid i ddisgrifio plant heb dad neu ddisgyblion heb athro. Fe ddychwel Iesu atynt, a byddant hwythau'n abl i'w adnabod. Unwaith eto y mae Ioan yn gwrthgyferbynnu'r disgyblion ffyddlon â'r byd anghrediniol, gan ddweud na fydd y byd a wrthododd Iesu gynt yn abl i'w adnabod ar ei ddychweliad. Y disgybl ffyddlon y mae ei gariad yn cael ei wneud yn amlwg gan ei ufudd-dod a gaiff brofi cymdeithas y Tad a'r Mab. Er fod Duw yn caru ei holl greaduriaid (cf 1 Ioan 4.10) mynn Ioan fod rhywbeth arbennig iawn yn y berthynas sydd rhyngddo â'r credinwyr, ac y mae'r sôn am Iesu'n aros gyda hwy gan ddatguddio'i hun iddynt, yn sicr o fod yn ymgais i gyfleu yr hyn a oedd yn brofiad byw i'r Eglwys Fore.

Torrir ar draws yr ymddiddan gan gwestiwn rhyw Jwdas nad oedd i'w uniaethu â Jwdas Iscariot. Luc yn unig sy'n cyferio at apostol o'r enw Jwdas (Lc 6.16, Act 1.13) ond cyfeiria Marc a Mathew at Jwdas ymysg brodyr Iesu (gw Mc 6.3, Mth 13.55). Pwy bynnag ydoedd yr oedd yn amlwg am wybod pam yr oedd Iesu'n bwriadu datguddio'i hun i'r disgyblion ac nid i'r byd cyfan. Diau ei fod fel Iddew wedi arfer a chlywed sôn am Ddydd yr Arglwydd pryd y credai'r Iddewon y byddai Duw'n gorfodi'r byd cyfan i'w gydnabod. Fel amryw ohonom ninnau heddiw ni allai ddirnad paham na fyddai Duw'n ymyrryd i osod ei awdurdod ar ddynion, ond etyb Iesu eto mai amod perthynas â Duw yw'r ufudd-dod sy'n deillio o gariad, ac fe wyddom oll na ellir gorfodi cariad ar neb. Meithrin cariad yng nghalonnau'r disgyblion oedd gwaith yr Ysbryd Glân, ac oni ddylem ni weddio fel John Hughes Pont Robert gynt;

O! Anfon Di yr Ysbryd Glân,
Yn enw Iesu mawr,
A'i weithrediadau megis tân
O! deued Ef i lawr.

Trafodwch

1. A ydym yn rhoi digon o bwyslais ar ufudd-dod heddiw?

2. A yw sôn am gymdeithas yr Ysbryd Glân yn ystyrlon?

3. Faint o werth sydd i wahaniaethu mor bendant rhwng y credadyn a'r byd?

Gwers 35: BYWYD TEULU'R EGLWYS FORE (16.5-15)

Y mae Iesu yn awr yn ymroi i baratoi'r disgyblion ar gyfer byw yn y byd hebddo. Parodd y sôn am ei ymadawiad iddynt dristáu, ac ni feddyliodd yr un ohonynt am ofyn iddo i ble yr oedd ar fin mynd. Pe baent ond yn sylweddoli mai dychwelyd at y Tad a wnai, yna gallent weld hefyd y byddai ei ymadawiad yn siwr o ddwyn bendith iddynt.

Y mae'r darlun tywyll o'r dyfodol a geir gan Iesu ar ddechrau pennod 16 yn adlewyrchu amgylchiadau rhan olaf y ganrif gyntaf mae'n debyg. Anwybyddu'r Cristnogion wnaeth yr Iddewon ar y dechrau, ac ni cheir fawr o dystiolaeth i Gristnogion Iddewig gael eu difa gan eu cyd-Iddewon. Gwyddom er hynny i Paul ymroi i'r gwaith o erlid yr Eglwys Fore cyn ei dröedigaeth a diau y gwyddai Ioan am enghreifftiau nodedig o greulondeb a chasineb tuag at Gristnogion. Rhagfynegwyd y cyfan, fodd bynnag, gan Iesu, ac addawodd i'w ddilynwyr gwmniaeth yr Eiriolwr neu'r Ysbryd Glân.

Gwaith mawr yr Eiriolwr, yn ôl yr adnodau hyn o Efengyl Ioan, fyddai argyhoeddi'r byd y tu allan i'r Eglwys o bechod a chyfiawnder a barn. Ystyr wreiddiol 'argyhoeddi' oedd 'datgelu' neu 'dangos yr hyn sydd o'i le', a magodd hefyd yr ystyr o brofi rhywun yn euog. Yr Eiriolwr fel erlynnydd mewn llys barn sydd yma felly, ac efallai mai y darlun o bregethwyr yr Eglwys Fore oedd ym meddwl Ioan wrth iddo ddisgrifio gwaith yr Eiriolwr, oherwydd drwyddynt hwy, a lefarai yn nerth yr Ysbryd Glân, y câi y byd ei argyhoeddi.

Gwaith cynta'r Eiriolwr fe ymddengys fyddai argyhoeddi'r byd ynglŷn â phechod, ac yn ôl Ioan fe ellid uniaethu pechod ac anghrediniaeth. Gwrthod derbyn y datguddiad o Dduw a gafwyd yn Iesu Grist fu bai mawr yr Iddewon yn ôl yr efengyl hon, ac y mae'r prolog iddi'n sôn am y rhai a garodd y tywyllwch yn fwy na'r goleuni. Gwaith yr Ysbryd Glân, drwy gyfrwng yr Eglwys Fore, fyddai argyhoeddi'r rhain; a diau fod Ioan yma'n rhoi llais i argyhoeddiad pregethwyr pob cyfnod wrth awgrymu mai'r Ysbryd Glân yw'r gwir bregethwr. Ef yn unig all doddi calonnau caled a goleuo meddyliau pwl a sicrhau dynion o'u pechod.

Ond nid argyhoeddi dynion o'u pechod yn unig a wna'r Eiriolwr gan y cyflwyna iddynt hefyd y waredigaeth a ddarparodd Duw ar eu cyfer. Yn y Beibl dywedir fod Duw'n gyfiawn, a disgrifir ei weithgarwch achubol hefyd fel cyfiawnder. Yn fuan byddai Iesu'n dychwelyd at y Tad, ac yn ôl Ioan profai hynny i'r Tad ei dderbyn. Gwaith yr Ysbryd bellach fyddai argyhoeddi dynion mai ffordd cyfiawnder neu waredigaeth Duw oedd 'y ffordd a gymerodd' Iesu drwy'r groes a'r atgyfodiad. Yng ngeiriau Morgan Rhys;

Rhyfeddod a bery'n ddiddarfod
Yw'r ffordd a gymerodd Efe
I gadw pechadur colledig,
Trwy farw ei hun yn ei le.
Fe safodd fy Mrenin ei Hunan
Gorchfygodd hiliogaeth y ddraig;
Ein Llywydd galluog ni ydyw
O! caned preswylwyr y graig.

Wedi argyhoeddi'r byd o bechod a chyfiawnder bydd yr Eiriolwr yn ei argyhoeddi hefyd o farn. Fel y dangosodd dyfodiad y goleuni i ganol y tywyllwch yr hyn oedd o'i le ar y byd, felly hefyd y dangosodd y groes ddiawledigrwydd Tywysog y byd hwn sef Satan. Er i'r Iddewon gredu mai gweithredu barn ar Iesu wnaed wrth ei groeshoelio, ef mewn gwirionedd oedd yno'n barnu'r byd, a rhybuddia Ioan yr Iddewon y caent hwy eu barnu gan Dduw.

Yn olaf ychwanegir hefyd y bydd yr Eiriolwr, yr Ysbryd Glân neu Ysbryd y Gwirionedd, nid yn unig yn argyhoeddi'r byd ond yn dysgu'r Eglwys. Parhau'r gwaith a ddechreuwyd gan Iesu a wna, ac fel y bu i Iesu fynegi i'w ddisgyblion yr hyn a glywodd gan y Tad, dyna a wna'r Ysbryd hefyd. Nid cyflwyno datguddiad newydd fyddai gwaith yr Ysbryd ond galluogi'r credinwyr i 'dreiddio i'r adnabyddiaeth', chwedl Ann Griffiths, 'o'r unig wir a'r bywiol Dduw'. Er gwaethaf anaeddfedrwydd ysbrydol ei ddisgyblion, a'u camddeall mynych, a gerwinder y byd o'u cwmpas, cyflwynodd Iesu iddynt weledigaeth lachar o'r dyfodol; gweledigaeth y bu i W. T. Manson ei chrynhoi mewn pennill o emyn;

Meddwl purach, llawnach golau,
Bywyd wedi mynd yn rhydd;
Pan ddêl hynny, mi gaf finnau
Wybod gwerth y pethau cudd.

Trafodwch

1. Termau hen ffasiwn a di-ystyr bellach yw pechod, cyfiawnder a barn a dylid eu diystyru.

2. A oes gwerth heddiw mewn sôn am 'fyd' ac 'eglwys' fel dau gylch hollol wahanol?

3. Rhan o waith yr Eglwys yw dangos pa mor berthnasol yw'r efengyl. A yw'n cyflawni'r gwaith hwn heddiw? Ac os yw sut y gwna hynny?

Gwers 36: CYMDEITHAS YR EGLWYS (15.1-10)

Perthynas y credadun â Christ yw thema fawr yr adran hon, ac er mwyn amlygu natur y berthynas honno y mae Ioan yn defnyddio delwedd a oedd a lle amlwg iawn yn niwylliant yr Iddew.

Ceid gwinwydden aur yn nheml Herod a disgrifir Israel fel gwinwydden lawer gwaith yn yr Hen Destament (gw Jer. 2.21; Eseia 5.1-7, 27.2-5; Eseciel 15.1-8, 17.1-10, 19.10-14). Gwneid defnydd o'r un ddelwedd hefyd yn llên y rabbiniaid ac yno darlunid y winwydden, y fwyaf distadl o'r holl blanhigion, yn dod i deyrnasu dros y cyfan ohonynt. Yn yr un modd dywedid y byddai Israel, er gwaethaf ei distadledd ymhlith cenhedloedd daear, yn llywodraethu dros y byd i gyd pan ddeuai oes y Meseia.

Ond er iddo ddefnyddio hen ddelwedd nid atgyfodi breuddwydion y gorffennol oedd bwriad Ioan, a chawn ef yn pwysleisio mai Iesu yw'r 'wir Winwydden'. Fel y crybwyllwyd eisoes, defnyddia Ioan y dywediadau 'Myfi yw' i gyflwyno gwirioneddau am natur ddwyfol Iesu, ac wrth ddweud mai Iesu yw'r 'wir winwydden' yr hyn a geisiai bwysleisio oedd y gwahaniaeth mawr rhwng Iesu, sef yr Israel newydd, a'r hen Israel.

Yn yr Hen Destament darlunir Israel yn aml iawn fel gwinllan wedi ei gadael neu winwydden wedi tyfu'n wyllt. Er i'r genedl gael ei dewis gan Dduw trodd ei chefn arno yn ôl Eseia, ac ni chafwyd llewyrch arni mwyach; 'Disgwyliodd iddi ddwyn grawnwin, ond fe ddygodd rawn drwg.' (5.2)

Yn awr, fe ddywed Ioan mai Iesu yw'r 'wir winwydden', sef y winwydden go iawn a ddwg ffrwyth da; y mae ei ddisgyblion fel canghennau wedi eu himpio arno ef, a'u bywyd yn dibynnu ar eu perthyans â'u Harglwydd. Dyna a fynegir yn emyn Arthur Williams;

Tydi yw'r wir Winwydden, Iôr,
Sy'n fythol ir a byw,
A ninnau yw'r canghennau sydd
Dan bla ein dydd yn wyw.
O! bydd dosturiol wrthym, Iôr,

Nyni y diffrwyth rai;
Na fwrier un ohonom byth
Fel cangen grin i'r clai.

Wrth ddefnyddio delwedd y winwydden y mae Ioan nid yn unig yn gwahodd ei ddarllenwyr i gymharu'r hen â'r newydd, ond yn pwysleisio pwysigrwydd 'aros' mewn perthynas â Iesu Grist. Yr oedd Marc eisoes wedi cofnodi yn ei efengyl y modd y bu i Iesu y nos y bradychwyd ef fendithio'r cwpan gwin a'i roi i'w ddisgyblion cyn addef nad yfai 'byth mwy o ffrwyth y winwydden hyd y dydd hwnnw pan yfaf ef yn newydd yn nheyrnas Dduw' (14.25).

I ddarllenwyr cyntaf yr efengyl hon felly, yr oedd y winwydden eisoes yn dwyn perthynas agos â'r sacrament o Swper yr Arglwydd, ac y mae Ioan wrth sôn am y winwydden yn pwysleisio perthynas neu gymundeb y disgyblion â Christ. Torrir ymaith y disgyblion anufudd ac anffyddlon fel pe baent yn ganghennau diffrwyth, a glanheir y disgyblion sydd eisoes yn dwyn perthynas gywir â'r Arglwydd drwy eu hyfforddi a'u disgyblu, er mwyn iddynt gynyddu mewn ufudd-dod a ffyddlondeb.

Diau mai'r Iddewon, canghennau gwreiddiol gwinwydden Duw, oedd ym meddwl Ioan wrth iddo sôn am ganghennau diffrwyth. Oni thorrwyd hwy ymaith am na fu iddynt ddwyn ffrwth a chredu yn Iesu? Meddai Iesu ar ddiwedd Dameg y Winllan a'r Tenantiaid yn Efengyl Mathew; 'Am hynny 'rwy'n dweud wrthych y cymerir teyrnas Dduw oddi wrthych chwi, ac fe'i rhoddir i genedl sy'n dwyn ei ffrwythau hi.' (21.43)

Yr hyn oedd yn hanfodol bellach oedd aros mewn perthynas fywiol â Iesu Grist. Fel mai marw fyddai'r gangen pe torrid hi i ffwrdd oddi wrth y pren, felly hefyd y byddai'r disgyblion yn farw'n ysbrydol pe collent gyswllt â Christ. Rhaid oedd i'r undeb bywiol â'r winwydden barhau, a rhaid oedd i'r nodd lifo o'r gwraidd i'r canghennau.

Canlyniad yr undeb hwnnw, yn ôl Ioan, fyddai llewyrch, a'r prawf sicraf ohono fyddai ufudd-dod y disgyblion. Nid yw Ioan yn blino dweud y caiff y disgybl ufudd bob amser yr hyn y gofyn amdano gan yr Arglwydd, gan y bydd ei gais bob amser yn gydnaws ag ewyllys Duw (adn. 7, cf 14.13, 15.16, 16.23). Yn wir, trwy ufudd-dod y disgyblion y dygir gogoniant i Dduw, yn ôl Ioan, a da yw cofio fod yr efengyl hon yn sôn am farw Crist fel ei ogoniant.

Gogoniant ufudd-dod a ffyddlondeb welwyd ar y groes, a'r tu cefn i'r cyfan yr oedd cariad. Cariad y Tad a ymddiriedodd yn llwyr yn y Mab, a chariad y Mab a fu'n gwbl ufudd i'w Dad. I'r berthynas hon o gariad y gwahoddir y credinwyr, ond nid perthynas i'w chymryd yn ganiataol mohoni. Na, rhaid ymdrechu'n barhaus i 'aros' ynddi, a chofier bod i 'aros' ystyr arbennig iawn yn Efengyl Ioan. Golyga ymroddiad a ffyddlondeb ac ufudd-dod. Dim ond wedi iddi ddiystyru'r eilunod y gallodd Ann Griffiths ganu;

O! am aros
Yn ei gariad ddyddiau f'oes.

Trafodwch

1. Ni ellir bod yn 'aelod anrhydeddus' o'r Eglwys, golyga aelodaeth ymdrech ac ufudd-dod a ffyddlondeb parhaus.

2. A oes ystyr mewn dweud i Gymru, fel Israel gynt, siomi Duw a dwyn ffrwyth drwg yn lle grawnwin?

3. Y mae'r Eglwys yn rhoi pwyslais mawr ar ddysgu, ond a yw'n rhoi pwyslais digonol ar ddisgyblu?

MEHEFIN: POBL Y BRENIN

Gwers 37: IESU'N RHOI ESIAMPL (13.12-20)

Fe ellir tybio mai'r hanesyn hwn am Iesu'n golchi traed ei ddisgyblion yw'r enghraifft enwocaf o ostyngeiddrwydd a gwasanaeth a geir yn y Testament Newydd. Y mae pob un o'r efengylau yn dweud i Iesu fwyta pryd o fwyd gyda'i ddisgyblion y noson y bu iddo gael ei fradychu gan Jwdas, ond Ioan yn unig a ddywed iddo yn ystod y pryd bwyd hwnnw roi ei ddillad o'r neilltu, a rhwymo lliain am ei ganol, a mynd ati i olchi traed y disgyblion.

Yr oedd golchi traed gwesteion cyn pryd bwyd yn arfer Iddewig cyffredin iawn. Wedi teithio ar hyd ffyrdd llychlyd gyda dim ond sandalau am eu traed, byddai'n dda gan y gwesteion gael y fath ymgeledd gan gaethwas, neu os nad oedd caethwas yn bresennol, gan yr aelod ieuengaf o'r cwmni. Byddai gwragedd hefyd yn golchi traed eu gwyr, a phlant yn golchi traed eu rhieni; ond ystyrid y weithrd yn un mor isel fel na fyddai yn rhaid i gaethwas o Iddew olchi traed neb, na datod sandalau unrhyw un.

Wrth fynd ati i olchi traed ei ddisgyblion yr oedd Iesu yn gwyrdroi arfer a chonfensiwn y cyfnod drwy ymddwyn fel caethwas. Anwybyddodd yn llwyr y traddodiad Iddewig a fynnai fod disgyblion yn rhoi gwasanaeth personol i'w hathrawon, ac y mae Ioan wrth gofnodi'r hanes yn glir a gofalus yn tanlinellu'r rhyfeddod. Pwysleisia fod Iesu 'ac yntau'n gwybod bod y Tad wedi rhoi pob peth yn ei ddwylo ef, a'i fod wedi dod oddi wth Dduw a'i fod yn mynd at Dduw' (adn. 3) yn gwneud y fath beth. Pedr yn unig a brotestiodd, er y gellir tybio i'r cwmni i gyd ryfeddu; ac eto wedi iddo wisgo, a chymryd ei le drachefn yn y cwmni, nid oedd Iesu'n sicr eu bod wedi canfod arwyddocâd yr hyn a wnaethai. Y mae felly yn eu holi, ac yn esbonio iddynt mewn geiriau diamwys y dylent hwythau ddilyn ei esiampl ef (adn. 12-15).

Y mae'n sicr fod Ioan wedi cadw mewn cof amgylchiadau ac anghenion yr Eglwys Fore wrth gofnodi'r stori hon. Yn wahanol i'r efengylau cyfolwg y mae yn hepgor yn llwyr o'i adroddiad bob cyfeiriad at Iesu'n sefydlu y sacrament o Swper yr Arglwydd yn ystod y pryd bwyd hwn. Nid yw Iesu yma'n rhoi diolch, nac yn torri bara ac yn yfed gwin gan gyfeirio atynt fel ei gorff a'i waed, ac nid yw ychwaith yn annog ei ddisgyblion i barhau i wneud hynny er cof amdano. Golchi traed y disgyblion oedd canolbwynt y swper yn ôl Ioan, ac awgrymodd rhai esbonwyr iddo anwybyddu pob sôn am sefydlu Swper yr Arglwydd am y credai y gwyddai aelodau'r Eglwys Fore'n iawn sut y bu hynny.

Nid oeddynt, fodd bynnag, mor ymwybodol o ystyr Swper yr Arglwydd, ac adroddodd Ioan hanes golchi traed y disgyblion yn yr union le y ceir hanes sefydlu Swper yr Arglwydd yn yr efengylau cyfolwg, er mwyn pwysleisio natur y berthynas ddylai fodoli rhwng y disgyblion a Christ, a rhyngddynt â'i gilydd. Y mae'r cyfeiriad nad yw gwas yn fwy na'i feistr (adn. 16) yn tanlinellu na ddylai'r disgyblion ddisgwyl gwell triniaeth nac a gfodd eu Harglwydd, ac na ddylent ychwaith fod yn rhy falch i wasanaethu fel y gwnaeth ef. Cariad ddylai nodweddu'r Eglwys, meddai Ioan, a hwnnw'r math o gariad sy'n ymroi i wasanaeth a hynny mewn gostyngeiddrwydd. Dengys 1 Timotheus 5.10 fod yr ymadrodd 'golchi traed y saint' wedi dod i olygu gwasanaeth Cristnogol erbyn cyfnod ysgrifennu Efengyl Ioan.

Ac eto y mae'n amlwg fod yna fwy ym meddwl Ioan wrth gofnodi hanes golchi traed y disgyblion na'r pwysigrwydd o wasanaethu eraill. Y mae'r modd y bu i Iesu fynnu golchi traed Pedr (adn. 8) yn dangos pa mor bwysig yw i'r disgybl ildio'n llwyr i ofynion ei Arglwydd; heb iddo wneud hynny ni châi Pedr gymdeithas â Christ. Er na ŵyr neb ond Duw am gudd feddyliau'r galon, dônt yn amlwg drwy ein gweithredoedd, ac y mae Ioan yn rhoi sylw mawr i Jwdas; yr un, yn wahanol i Pedr, a fu'n fodlon derbyn cymwynas ei Arglwydd, ond na roddodd i'w Arglwydd fynediad i'w galon. Darlunir ef yn bwyta gyda'r gweddill cyn mynd ymaith i'r nos i fradychu Iesu, ac y mae'r dyfyniad o'r Salmau (adn. 18) yn darlunio twyll a brad y sefyllfa i'r dim (gw. Salm 41.9).

Diau fod yma rybudd i'r Eglwys Fore y gallai'r rhai a fo'n bwyta bara ac yn yfed gwin y sacrament fod fel Jwdas yn fradwyr os nad oeddynt wedi derbyn Crist i'w calon gan osod eu bywyd dan ei lywodraeth ef. Drwy eu cymdeithas â'i gilydd y dangosai y disgyblion eu hymlyniad wrth eu Harglwydd, a thrwy'r gymdeithas honno deuai eraill hefyd i gymdeithas â Duw.

Trafodwch

1. A oes tuedd heddiw i gredu mai gwneud gweithredoedd da a dim arall yw Cristnogaeth?

2. A ydym yn ddigon ymwybodol o arwyddocâd ac ystyr y cymun?

3. A ddylem archwylio'n cymhellion a chudd feddyliau'r galon yn fwy aml ac yn fwy cyson?

Gwers 38: Y GYMUNED SY'N GWASANAETHU (1 Ioan 5. 13-21)

Y mae'r darn sydd dan sylw gennym yn awr yn deillio nid o Efengyl Ioan, ond o'r cyntaf o'r llythyrau sy'n dwyn ei enw. Er bod gwahaniaethau amlwg rhwng yr efengyl a'r llythyrau, ac er y cred llawer nad yr un awdur a'u cyfansoddodd, eto ceir llawer iawn o debygrwydd rhyngddynt, ac addas iawn wedi rhoi sylw mor helaeth i'r efengyl yw troi am ennyd i astudio'r llythyr cyntaf.

Dywed Ioan mai ei gymhelliad yn ysgrifennu ei efengyl oedd 'er mwyn i chwi gredu mai Iesu yw'r Meseia, Mab Duw, ac er mwyn i chwi trwy gredu gael bywyd yn ei enw ef' (20.31).

Amcan cenhadol oedd ganddo wrth adrodd hanes bywyd a marw ac atgyfodiad Iesu Grist. Cyflwyno'r efengyl i rai nad oeddynt yn gyfarwydd â hi oedd ei nod, ond nid felly awdur y llythyr. Ysgrifennu ar gyfer rhai a oedd eisoes wedi credu a wnai ef a'i nod oedd eu bugeilio a'u haddysgu yn y ffydd. Atgoffa hwy yn awr fod bywyd tragwyddol eisoes yn eu meddiant, a da o beth efallai fyddai ein hatgoffa ninnau o'r un gwirionedd.

Nid rhywbeth i ddisgwyl amdano a'i dderbyn yn y dyfodol pell oedd y bywyd hwn yng ngolwg awdur y llythyr, ond rhywbeth a brofwyd eisoes gan y credinwyr drwy eu perthynas â Iesu Grist, a rhywbeth a oedd yn rhagflas o'r gwynfyd a oedd i ddod. Ar sail y profiad a gawsant eisoes gallai'r credinwyr fod yn hyderus wrth agosau at Dduw mewn gweddi, gan wybod y byddai gweddi'r rhai a oedd yn feddiannol ar y bywyd yn unol ag ewyllys y Tad. Byddai Duw yn siwr o wrando ar y rhai hynny, a byddai eu deisyfiadau'n gymeradwy ganddo bob amser.

Cwestiwn arall, wrth gwrs, oedd a allai y sawl a fu'n feddiannol ar y bywyd wrthgilio a cholli ffydd (cf 1 Ioan 3.9)? Y cwbl a ddywed Ioan yma yw fod dyletswydd ar y Cristion i weddïo dros rai sy'n cyfeiliorni.

Ystyr 'brawd' (adn. 16) mae'n debyg yw cyd-Gristion, a dywed Ioan y dylid gweddïo dros frawd sy'n 'cyflawni pechod nad yw'n bechod marwol' (adn. 16), sef pechod a gyflawnir bron yn ddi-arwybod neu ar ddamwain. Mae'n bosibl argyhoeddi'r sawl a gyflawna bechod felly yn ôl Ioan, ac o weddïo drosto, diau y câi'r pechadur nerth gan Dduw i edifarhau ac i ymateb. Cai fwy o 'fywyd', chwedl Ioan, at y 'bywyd' a dderbyniodd eisoes.

Noder mai ar agwedd neu gymhellaid y troseddwr, nid ar y drosedd, y canolbwyntiai Ioan. Yr oedd ef yn ymwybodol hefyd y ceid 'pechod marwol', a diau fod hwnnw i'w gymharu â'r hyn a alwodd Iesu yn bechod yn erbyn yr Ysbryd Glân, sef gwyrdroi gwirionedd a galw gwirionedd yn gelwydd (gw. Mth. 12.32; Mc 3.29). Nid oedd maddeuant yn bosibl i'r rhai a wnai hynny, meddai Iesu, gan fod maddeuant yn rhagdybio edifeirwch, ac edifeirwch yn ei dro yn arwyddo canfod y gwirionedd. Ond lle yr ystyrid gwirionedd yn gelwydd, ac y ceid meddwl a chalon wedi caledu yn erbyn daioni, nid oedd maddeuant yn bosibl gan na allai'r Ysbryd Glân weithio ar bobl felly. Cofier fod yr Hen Destament hefyd yn gwahaniaethu rhwng pechod a gâi ei gyflawni'n anfwriadol a phechod a gyflawnid yn rhyfygus (gw. Num 15.27-31). Gellid offrymu gafr flwydd yn aberth dros bechod anfwriadus, a gallai'r offeiriad wneud cymod ger bron yr Arglwydd dros un a bechodd felly, ond byddai'r sawl a bechodd yn fwriadol yn euog o gablu yn erbyn yr Arglwydd, a'i gosb fyddai ei dorri ymaith o blith y bobl a byddai'n 'dwyn ei bechod arno'i hun'.

Yn olaf, atgoffa Ioan ddarllenwyr ei lythyr nad yw'r sawl sydd wedi ei eni o Dduw (adn. 18) ac sydd wedi derbyn bywyd newydd yng Nghrist yn mynd i gael ei adael ar drugaredd yr 'Un drwg', ac atgoffir ni o weddi Iesu dros ei ddisgyblion yn yr efengyl; 'Nid wyf yn gweddïo ar i ti eu cymryd allan o'r byd, ond ar i ti eu cadw'n ddiogel rhag yr Un drwg.' (17.15)

Nid dweud y mae Ioan na fydd y disgybl yn pechu, ond yn hytrach na fydd yn dal ati i bechu'n gyson a pharhaus. Gellir o hyd obeithio amdano, a'r un yw ymwybyddiaeth Ioan yma ag ymwybyddiaeth William Williams yn ei emyn;

Ti faddeuaist fil o feiau
I'r pechadur gwaetha'i ryw;
Arglwydd, maddau eto i minnau -
Ar faddeuant 'r wyf yn byw:
D'unig haeddiant
Yw 'ngorfoledd i a'm grym.

Rhoi'r clod i Duw a wnai'r efengylydd a'r llythyrwr a'r emynydd fel ei gilydd, a hynny ar sail yr Ymgnawdoliad a datguddiad Duw ohono'i hun yn Iesu Grist. Pwysleisia Ioan y rhoddwyd i'r credinwyr 'ddealltwriaeth' nad yw'n perthyn i'r byd, ac atgoffir ni o eiriau Paul wrth eglwys Corinth; 'Ond y mae meddwl Crist gennym ni.' (1 Cor. 2.16)

Y meddwl hwnnw yw cyd-destun cywir pob rhybudd rhag dilyn eilunod. Chwedl Ann Grifiiths;

Beth sydd imi mwy a wnelwyf
Ag eilunod gwael y llawr?
Tystio'r wyf nad yw eu cwmni
I'w gystadlu â'm Iesu mawr;
O! am aros
Yn ei gariad ddyddiau f'oes.

Trafodwch

1. A ydym yn ddigon ymwybodol o rym gweddi a'r ddyletswydd o weddïo dros eraill?

2. A oes perygl mewn credu na ddichon y saint wrthgilio?

3. A ydym fel Cristnogion yn rhoi lle digonol i sicrwydd, yntau a aethom i amau pob peth, hyd yn oed allu Duw?

Gwers 39: Y GYMUNED SY'N TYSTIO (1 Ioan 5.6-12)

Gwelwyd eisoes fod dwyn tystiolaeth i Iesu yn thema amlwg iawn yn Efengyl Ioan. Yno mae Ioan Fedyddiwr, ar ddechrau'r efengyl yn deg, yn cael ei gyflwyno fel rhagredegydd Crist a'r un sy'n tystio iddo. Cyflwyna'r efengyl Iesu o'r cychwyn fel Oen Duw, Mab Duw a Meseia; ac yn y gwrthdaro rhyngddo â'r Iddewon y mae Iesu'n datgan fod tystiolaeth ei arwyddion, tystiolaeth yr ysgrythyrau, tystiolaeth y Tad a thystiolaeth yr Ysbryd Glân o'i blaid. Nid oes ryfedd, felly, bod awdur y llythyr yn cydio'n yr un thema, oherwydd os y bu'n rhaid i Iesu amddiffyn ei hun tra yn y cnawd drwy bwyso ar dystiolaeth eraill amdano, cymaint mwy y byddai'n rhaid i'r Eglwys Fore ddibynnu ar dystion wrth ei gyflwyno ef i'r byd, ac yntau bellach wedi esgyn at y Tad.

Yn awr, y mae problem tystio i Iesu yn broblem gyfoes, a'r gwyn fawr heddiw yw nad oes neb yn fodlon gwneud hynny. Soniwn yn aml am y dyddiau gynt pan fyddai'r pregethwyr yn annog y tyrfaoedd yn y ffeiriau a digon o asgwrn cefn gan yr Eglwys i herio'r byd. Ond bellach caiff y tyrfaoedd lonydd ac aeth yr Eglwys yn dawedog, a bron nad anghofiwyd hefyd am dystiolaeth yr Ysbryd Glân. Ond 'yr Ysbryd yw'r tyst', yn ôl awdur y llythyr, a hynny 'am mai'r Ysbryd yw'r gwironedd' (adn. 6). Nid yw Duw yn gyfan gwbl ddibynnol ar ein tystiolaeth ni, a chofiwn i Iesu wrth ddarogan dyfodiad yr Ysbryd Glân bwysleisio wrth ei ddisgyblion y byddai Ysbryd y Gwirionedd yn eu harwain yn yr holl wirionedd (adn. 13). Profiad crefyddol yr unigolyn yn aml iawn yw'r trawst cadarnaf yn ei ymwybyddiaeth grefyddol, a hynny'n fwy na dim arall a bair iddo allu adleisio geiriau Job; 'Mi wn fod fy mhrynwr yn fyw'. Dyma dystiolaeth Duw yn y credadun, a phwy na thadoga'r fath dystiolaeth ar yr Ysbryd Glân.

Ond nid drwy'r Ysbryd Glân yn unig y tystiodd y Tad i'r Mab yn ôl Ioan. Denygs hanes gweinidogaeth Iesu yn yr efengyl fel y bu i'r Tad ei dderbyn a'i gymeradwyo ac ymddiried yn llwyr ynddo; a'r prawf sicraf o hynny oedd iddo ei gyfodi o blith y meirw. 'Duw a arddelodd Fab y Dyn' meddai J. Edward Williams, a dywed y llythyr hwn fod y sawl sy'n gwadu dwyfoldeb y Mab yn gwneud Duw'n gelwyddog.

Y mae'r sôn am ddyfodiad Iesu 'trwy'r dŵr a thrwy'r gwaed' (adn. 6) wedi peri i ysgolheigon gynnig amryw o esboniadau. Yn ôl rhai cyfeiriad at y dŵr a'r gwaed a lifodd o ystlys Iesu ar y groes sydd yma; y naill yn arwydd o buredigaeth a'r llall o fywyd. Ond yn ôl esbonwyr eraill y sacramentau, sef y bedydd a'r cymun, oedd ym meddwl Ioan. Mwy cywir efallai fyddai dweud mai am ddal gafael ar y gwirionedd fod Iesu'n fab Duw o'r dechrau yr oedd awdur y llythyr, a'i fod yn ystyried bedydd Iesu fel prawf o hynny. Dyna pryd y cyhoeddodd Duw, yn ôl yr efengylau cyfolwg; 'Ti yw fy Mab, yr Anwylyd' (Mc1.11; cf Mth 3.17, Lc 3.22). Erbyn cyfnod ysgrifennu 1 Ioan, fodd bynnag, yr oedd y Gnosticiaid wedi dechrau pregethu nad oedd Iesu'n Fab Duw o'r dechreuad, ac i'r Crist 'ymuno' ag ef adeg ei fedydd? Ond fel awdur yr efengyl credai awdur y llythyr hwn hefyd fod y Gair yn y dechreuad gyda Duw, a chyfeiria at 'y dŵr a'r gwaed' er mwyn pwysleisio mai'r un oedd y Crist hwnnw a'r Iesu a groeshoeliwyd ac a gyfodwyd o'r bedd. Oherwydd ail ran heresi'r Gnosticiaid oedd yr haeriad i'r person dwyfol a ymunodd â Iesu adeg ei fedydd ei adael cyn y groes. Ond 'Na', meddai Ioan. 'Cododd Crist o'r bedd yn fyw' oedd byrdwn ei ffydd ef, ac y mae'n pwysleisio fod y Crist hwnnw a groeshoeliwyd ac a atgyfodwyd yn dwyn 'bywyd'.

Bywyd, fel y cofir, y bywyd newydd hwnnw sy'n rhagflas o'r oes sydd i ddod, oedd un o themau mawr yr efengyl, ac yn awr pwysleisia awdur y llythyr hefyd mai rhodd y Tad a ddaw i'r credinwyr drwy'r Mab yw bywyd tragwyddol. Ac nid yn unig fe bwysleisia wedd gadarnhaol y gwirionedd hwn ond ei wedd negyddol hefyd; 'yr hwn nad yw Mab Duw ganddo, nid yw'r bywyd ganddo' (adn 12). Beth tybed fyddai agwedd y gymdeithas gyfoes pe baem yn ymroi o ddifri i bregethu'r gwirionedd daufiniog hwn?

Trafodwch

1. Mae'n amlwg fod yn rhaid i'r Eglwys bellach ddarganfod ffyrdd newydd o ddwyn tystiolaeth i Grist. A ellwch awgrymu rhai addas?
2. Pa mor ddifrifol yn eich golwg chi fyddai i rywrai heddiw ddechrau amau'r Ymgnawdoliad a haeru na fu Iesu o'r

dechreuad gyda Duw?

3. A geir 'bywyd' heb Iesu?

Gwers 40: CARIAD DUW YN SAIL I'R CYFAN (1 Ioan 4.7-21)

Clywsom ddarllen yr adnodau hyn sy'n sôn am gariad ar sawl achlysur a defnyddiwyd hwy laweroedd o weithiau fel cerydd ac annogaeth. Nid ydynt mor brydferth ag emyn mawr Paul yn 1 Cor. 13, ac y mae'r mynegiant yn llafurus ar adegau, ond tanlinellir yma wirionedd canolog yr efengyl Gristnogol sef mai cariad yw Duw.

Pwysleisia Ioan na all neb fod yn ddifater ynglŷn â'r fath wirionedd a fynegwyd yn y fath fodd drwy'r Ymgnawdoliad. Myn y cariad dwyfol ymateb, ac atgoffa Ioan ei ddarllenwyr mai cariad a amlygwyd drwy'r groes oedd cariad Duw, gan ychwanegu fod y sawl sy'n ymateb i gariad Duw yn Iesu Grist yn dod i adnabod Duw. 'Yr hwn nad yw'n caru, nid yw'n adnabod Duw' meddai Ioan (adn. 8), a phrysura i bwysleisio fod i'r ymateb dynol wedd amlwg ac ymarferol. Rhaid i Gristnogion garu ei gilydd, a thrwy hynny amlygu cariad Duw a fydd fel petai'n cyrraedd ei nod yn eu cymdeithas hwy. 'Fel y cerais i chwi, felly yr ydych chwithau i garu'ch gilydd', meddai Iesu yn Efengyl Ioan, gan ychwanegu; 'Os bydd gennych gariad tuag at eich gilydd, wrth hynny bydd pawb yn gwybod mai disgyblion i mi ydych.' (13.34-35)

Achos y fath gariad a gwraidd y fath dystiolaeth, fodd bynnag, yw preswyliad yr Ysbryd Glân yn y credinwyr. Nid canlyniad credu a charu yw dyfodiad yr Ysbryd Glân i'r gymdeithas Gristnogol, yn ôl Ioan, ond daw'r gymdeithas honno i fod yn y lle cyntaf oherwydd dyfodiad yr Ysbryd. Y mae cyffes y credinwyr, meddai, yn arwydd o bresenoldeb Duw ac atgoffir ni o eiriau Paul wrth eglwys Corinth lle y dywed yr apostol na all neb ddweud 'Iesu yw'r Arglwydd!' ond trwy'r Ysbryd Glân (1Cor. 12.3).

Y mae'r cyfeiriad at Iesu fel Gwaredwr y byd (adn. 14) yn dwyn i gof y gwahaniaeth sylfaenol a geir yn Efengyl Ioan rhwng yr Eglwys a'r byd. Cariad, tangnefedd a llawenydd a nodweddai'r naill, tra mai casineb, gelyniaeth a diffyg ffydd a nodwedda'r llall. Y mae'r disgyblion hefyd yn y byd er nad yn perthyn iddo, yn ôl Ioan, ac er y gall y fath wahaniaethu pendant ymddangos yn afreal os nad yn haerllug yn ein hoes ddi-ffiniau ni, rhaid cofio na ellir datgysylltu'r fath agwedd oddi wrth yr ymwybyddiaeth o'r angen am waredwr. Nid cymeriad hanesyddol yn unig yw Iesu er fod iddo le pendant ar ganol llwyfan hanes, ac nid i ddoe yn unig y perthyn ei efengyl. Meddai R. Gwilym

Hughes; 'Mae gan Iesu waredigaeth Heddiw i rwygedig fyd.'

A diben yr Ysbryd Glân yw gwneud y waredigaeth honno'n effeithiol, drwy alluogi'r saint i gerdded 'Wrth ei weledigaeth ef'.

Y mae cariad hefyd, yn osystal â bod yn arwydd o bresenoldeb Duw, yn rhoi hyder newydd i'r credinwyr (adn. 17). Hyder sy'n tarddu nid o unrhyw rinwedd ynddynt hwy eu hunain, ond o'u hadnabyddiaeth gynyddol o Dduw a'r sylweddoliad y cyflawna ei gariad yn eu plith. Fel eraill o ysgrifenwyr y Testament Newydd credai Ioan fod dydd barn yn agos, ond ni fyddai'n rhaid i'r sawl a ymdebygai i'r barnwr ofni dim y dydd hwnnw. O aros yn Nuw ac amlygu ei gariad gellid cael hyder yng ngwyneb barn; a diau y gellir cymharu agwedd Ioan yn y fan hyn ag agwedd Ann Griffiths;

Y Gŵr a fydd i mi'n ymguddfa
Sydd â'r wyntyll yn ei law.

Yn olaf, dychwel Ioan unwaith eto at faen prawf mawr y cariad Cristnogol sef y rheidrwydd i garu cymydog (adn. 20). Nid cyffes yn unig yw'r ffydd ond gweithredoedd hefyd, ac y mae diffyg cariad at gymydog yn arwydd o ddiffyg cariad at Dduw; 'A dyma'r gorchymyn sydd gennym oddi wrtho ef, bod i'r hwn sy'n caru Duw garu ei frawd hefyd.' (adn 21)

Nid ymdeimlad braf yn gymaint a dyletswydd ddifrifol yw'r cariad hwn a amlygir at gymydog. Rhaid ymdrechu i garu fel hyn, ond nid yw Ioan yn awgrymu am funud mai gweithgarwch personolieth ranedig fo hynny, ac nad yw'r weithred mewn gwirionedd yn adlewyrchu'r cymhelliad fo yn y galon. Yn hytrach cariad Duw fo'n sail i'r cyfan, ac fe roddodd E. A. Dingley ei fys ar y gyfrinach;

Gad imi weld dy wyneb Di
Ym mhob cardotyn gwael,
A dysgu'r wers i wneuthur hyn
Er mwyn dy gariad hael.

Trafodwch

1. A yw'r Eglwys heddiw'n llwyddo i argyhoeddi'r byd drwy gariad?

2. A yw'r sôn am ddydd barn yn codi braw arnoch?

3. 'Ni all neb nad yw'n caru brawd y mae wedi ei weld, garu Duw nad yw wedi ei weld.'

Detholiad o Lyfryddiaeth

C. K. Barrett, *The Gospel according to St John* (S.P.C.K., 1978).

Eryl Wynn Davies, '"Creu" ac "Achub" yn niwinyddiaeth yr Ail Eseia,' *Diwinyddiaeth*, 27 (1976), tt.44-56.

Gwilym H. Jones, *Proffwydi'r Hen Destament* (Llyfrfa'r M.C., 1966).

Isaac Jones, *Bywyd a Goleuni* (Gwasg Pantycelyn, 1985).

J. Trefor Lloyd, *Epistolau Ioan* (Argraffty'r M.C., 1976).

J. D. Smart, *History and theology in Second Isaiah* (Epworth, 1967).

Gerhard von Rad, *The message of the prophets* (S.C.M., 1968).

Claus Westermann, *Isaiah 40-66* (S.C.M., 1969)

Cynwil Williams, *Gwae a Gobaith wrth afonydd Babel* (Gwasg Pantycelyn, 1992)